MÄNNER MOTOREN MODENA

IMPRESSUM

1. Auflage, 2022

ISBN: 978-3-903376-29-8
ISBN E-Book: 978-3-903376-30-4

Lektorat: Rosemarie Konrad
Fotos: Privatarchiv Armin Johl, Privatarchiv Frank Kuhlemann, Imago Images,
Wikimedia Commons
Graphische Gestaltung: Clemens Toscani
Printed in the EU

Gesamtherstellung
egoth verlag GmbH
Untere Weißgerberstr. 63/12
1030 Wien
Österreich
www.egoth.at

Frank Kuhlemann

MÄNNER MOTOREN MODENA

IM HERZEN DER ITALIENISCHEN SPORTWAGENINDUSTRIE

Mit persönlichen Erinnerungen
des Zeitzeugen
Armin Johl

egoth sport

INHALT

PROLOG

Nehme ich heute den Countach oder den Miura? Diese Frage stellt sich Armin Johl Anfang der 1970er-Jahre des Öfteren. Er hatte beide Lamborghinis in seiner Garage stehen. Aber auch einen Ferrari 365 GTB/4, verschiedene Ferrari Dino und viele weitere Supersportwagen nennt er über die Jahrzehnte hinweg sein Eigen.

Ob er nun zusammen mit Enzo Ferrari im Hinterstübchen des *Cavallino*, direkt gegenüber der Fabrik in Maranello, zu Mittag aß oder in dessen Büro weilte ... ob er sich mit Ferruccio Lamborghini ein Traktorenrennen leistete oder mit ihm im Riva-Boot, angetrieben durch zwei Lamborghini-V12-Motoren, über den Trasimeno-See peitschte: Armin Johl ist ein Zeitzeuge. Einer, der viele Köpfe der italienischen Sportwagenindustrie persönlich kannte und kennt oder gar mit ihnen befreundet war oder ist. Männer, die für die schönsten und schnellsten Sportwagen verantwortlich zeichneten, zu einer Zeit, als es nur wenige gesetzliche Reglementierungen im Automobilbau gab.

In diesem Buch lüftet Johl auch das Geheimnis, welch erstaunliche Entdeckung er im Appartement des Hotels *Canalgrande* in Modena machte, der Residenz von Alejandro de Tomaso. Er berichtet über seine persönlichen Begegnungen und erzählt von seinen Erlebnissen aus einer vergangenen Epoche – der Blütezeit des Automobils!

Angefangen hat alles im Jahr 1889. Der Sattler Karl Seeger, Großvater von Armin Johl, gründet die Firma Seeger in Offenbach am Main. Was mit einer kleinen Werkstatt für Reisetaschen beginnt, expandiert rasch zu einer Manufaktur für hochwertige Lederwaren. Von 1971 bis 1992 leitet schließlich Armin Johl zusammen mit seinem Bruder Fred das Haus Seeger. Die Brüder haben die Firma für exquisite Lederprodukte vom Vater übernommen. Das Traditionshaus wird im Jahr 1992 an Montblanc verkauft.

Die Zusammenarbeit mit der Automobilbranche beginnt mit Porsche. Der erste Kunde. Aus Zuffenhausen. Für das legendäre Modell 356 wird hochwertiges, passgenaues Reisegepäck geliefert. Durch den Heckmotor bedingt, verlangt das Gepäckabteil unter der gewölbten Fronthaube asymmetrische Reisebehältnisse. Auch die italienischen Edelmanufakturen Ferrari und Lamborghini werden bald auf die feinen Gepäckstücke aus der Lederstadt aufmerksam. Aus anfänglich geschäftlichen Verbindungen – als Zulieferer für exklusives Reisegepäck aus eigener Fertigung – entwickeln sich zunehmend auch persönliche Kontakte.

Neben der Automobilindustrie schätzen aber auch Menschen weltweit die erstklassig verarbeiteten Lederprodukte aus dem Hause Seeger. Zur Kundschaft zählten über die Jahre hinweg zahlreiche Berühmtheiten, beispielsweise Catherine Deneuve, Frank Sinatra, Leonard Bernstein, George Harrison, Herbert von Karajan, Papst Paul VI., Barbra Streisand und sogar die US-Präsidenten John F. Kennedy und George W. Bush sen., der sich einen schusssicheren Aktenkoffer anfertigen ließ.

An den Rennstrecken des Formel-1-Zirkus der 1970er-, 80er- und 90er-Jahre ist Armin Johl weltweit stets präsent – und ein gern gesehener Gast. Der einstige Formel-1-Impresario Bernie Ecclestone, ebenfalls ein treuer Seeger-Kunde, verschafft ihm über zwei Jahrzehnte lang eine *Permanent Card* für die Boxengasse. Somit gilt Johl fortan als vollwertiges Mitglied der Formel-1-Familie. Fahrer wie Ayrton Senna, Gerhard Berger, Jean Alesi, Stefan Johansson oder Michael Schumacher zählten und zählen zu seinen Freunden. Mit vielen damaligen Fahrern der Eliteklasse des Motorsports ist er per Du. Die privaten Telefonnummern zahlreicher Berühmtheiten hat Armin Johl noch heute auf seinem Mobiltelefon gespeichert. Bei insgesamt 195 Rennen weltweit ist er vor Ort. Sein eigener „Fuhrpark" bestand unter anderem aus Fahrzeugen wie dem Lamborghini Miura und dem Countach, den Ferrari-Modellen 365 GTB/4 (Daytona), F40, 288 GTO oder dem Maserati 3200 GT.

Heute kann man Armin Johl in der Frankfurter *Klassikstadt* erleben. Als Geschichtenerzähler aus einer vergangenen Zeit führt er die Besucher mit profundem Wissen aus erster Hand durch die Hallen. Seine Gäste lauschen aufmerksam und danken es ihm, wenn der *Raconteur* mit dem einzigartigen Wissen Episoden über die ausgestellten Autos sowie die Menschen und die spannenden Geschichten dahinter berichtet.

In diesem Buch spricht Armin Johl über seine Begegnungen mit den Großen der italienischen Sportwagenindustrie. Darüber, wie er sie erlebt und wahrgenommen hat, welchen Eindruck sie auf ihn gemacht haben, was sie bei ihm hinterlassen haben. Dieses Buch soll auch dazu dienen, sein einzigartiges Wissen weiterzutragen und zu verewigen. Zeitzeugnisse dieser Art sind zu kostbar, um sie nur einem kleinen Kreis zugänglich zu machen.

Ich freue mich, dass sich Armin dazu entschlossen hat, zusammen mit mir einem breiteren Publikum aus seinem außergewöhnlichen Leben zu erzählen. Gerne erinnere ich mich an die vielen Wiener Schnitzel und die zahlreichen Gläser Rosé-Wein, die wir regelmäßig nach getaner Arbeit in der Werkskantine der *Klassikstadt* zu uns nahmen.

Frank Kuhlemann mit Armin Johl in der *Klassikstadt*.

EINLEITUNG

Schon immer gab es Männer, die ehrgeizig oder leidenschaftlich genug waren, um Autos zu bauen. Von diesen Männern ist hier die Rede. Und auch von ihren Autos. In den 1960er-, 70er-Jahren war die Welt geografisch bereits klar aufgeteilt: Die schönsten, elegantesten, schnellsten, teuersten und faszinierendsten Sportwagen kamen aus der Gegend um Modena in der Emilia-Romagna. Nirgendwo sonst fand man eine solche Konzentration von Mythen der Automobilgeschichte und eine solche Strahlkraft wie im Umkreis von knapp 40 Kilometern rund um diese Stadt.

Das vorliegende Werk möchte einen interessanten und unterhaltsamen, aber auch persönlichen Blick auf das Leben und Wirken der charismatischen Machertypen werfen, die seinerzeit hinter den fünf großen italienischen Sportwagenherstellern rund um Modena standen. Es sind Geschichten über Legenden: Ferruccio Lamborghini, Enzo Ferrari, Alejandro de Tomaso, Alfieri Maserati und seine Brüder. Aber auch über Ettore und Jean Bugatti sowie Romano Artioli, der Bugatti seinerzeit in Campogalliano wiederbelebte. Die Wege dieser starken Charaktere kreuzten sich teilweise und klingen oft wie das Drehbuch eines Hollywood-Films. Aber es gehört auch zu der Natur von Legenden, dass sie in dem Moment, in dem man sie erklären kann, keine mehr sind. Dann werden Legenden zu banalen Geschichten, die schnell in Vergessenheit geraten.

Doch ihre Geschichten sind voller Leidenschaft, teils tragisch, aber immer spannend und temperamentvoll. Eben italienisch. Deshalb sollen sie hier, zusammengefasst in einem Buch, erzählt werden. Durch die exklusive Mitarbeit des Zeitzeugen Armin Johl erhält die Leserin, der Leser – aus erster Hand – nochmals eine andere, sehr persönliche Sichtweise auf die Hauptpersonen. Das Buch wird von seinen Erinnerungen und Begegnungen gespeist. Neben Armin Johl werden weitere Zeitgenossen und Wegbegleiter dieser Magnaten zitiert.

Italienische Autos, insbesondere der Kategorie Gran Turismo, also GT-Sportwagen, haben schon immer ein beachtliches Maß an exotischem Flair besessen, was sich in ihrem Design, der Verarbeitung und nicht zuletzt in ihrer Leistung zeigt. Für die meisten Menschen verkörpern sie den höchsten Stand der Automobilkunst. In den 1950er- und 60er-Jahren gelten für die kleinen Sportwagenhersteller wie Maserati und Ferrari, die vom Rennwagengeschäft allein nicht mehr leben können, Gran-Turismo-Fahrzeuge als eine Art Überlebensrezept. Hohe Fahrleistungen in Verbindung mit einem akzeptablen Maß an Komfort und Alltagstauglichkeit machen diese Autos aus.

Die neue Rasse von straßentauglichen Tourensportwagen verdankt ihre Existenz auch dem fortschreitenden Ausbau des europäischen Fernstraßennetzes.

Im Gegensatz zu Henry Ford, der in der Geschichte des Automobils für die Prosa zuständig war, indem er die Massen mobil machte, waren diese Italiener für die reine Poesie zuständig. Sie schufen *die* Stoffe, aus denen Träume sind. Auf italienischem Boden gedeihen Sportwagen offenbar besonders gut: Entweder kamen diese Fahrzeuge komplett aus Italien oder besaßen wenigstens eine in Italien entworfene Karosserie. Autofans aus aller Welt pilgern immer wieder in die Region Emilia, insbesondere in die Umgebung von Modena. Diese Stadt war seinerzeit umzingelt von Ikonen der Moderne: Im Osten Lamborghini (dessen Werk gemarkungsmäßig jedoch zu Bologna zählt), im Süden Ferrari, im Norden Maserati und im Westen De Tomaso. Im Nordwesten zudem die ehemalige Bugatti-Fabrik. Sie bildeten ein Pentagon um die Stadt in der Poebene.

„Fast alles, was Italien weltberühmt gemacht hat, kommt von hier: Verdi und Ferrari, Parmesankäse, Mortadella, Tortellini, Federico Fellini und Luciano Pavarotti", schrieb einmal eine deutsche Motorsportzeitung.

ZEITTAFEL

Geburt Ettore Bugatti

Geburt Alfieri Maserati

Geburt Enzo Ferrari

1900

Geburt Jean Bugatti

Geburt Ferruccio Lamborghini

Geburt Alejandro de Tomaso

Tod Alfieri Maserati

Tod Jean Bugatti

Tod Ettore Bugatti

Tod Enzo Ferrari

Tod Ferruccio Lamborghini

2000

Tod Alejandro de Tomaso

1881	
1887	
1898	
1909	Gründung Bugatti
1914	Gründung Officine Maserati S.p.A.
1916	
1924	Vorstellung Bugatti Typ 35 (bis 1931)
1926	Vorstellung Bugatti Typ 41 Royale (bis 1933)
1928	
1932	
1939	
1947	Gründung Ferrari S.p.A.
1959	Gründung De Tomaso Modena S.p.A.
1962	Vorstellung Ferrari 250 GTO (bis 1964)
1963	Gründung Automobili Lamborghini S.p.A.
1966	Vorstellung Maserati Ghili (bis 1973) Vorstellung Lamborghini Miura (bis 1975)
1967	Vorstellung De Tomaso Mangusta (bis 1971)
1969	Vorstellung Ferrari 365 GTB/4 Daytona (bis 1973) Vorstellung Ferrari Dino 246 (bis 1974)
1971	Vorstellung De Tomaso Pantera (bis 1993)
1988	
1993	
2003	

1

LAMBORGHINI

LEIDENSCHAFT AUF VIER RÄDERN – IM ZEICHEN DES STIERS

»Die berühmtesten Sportwagen der Welt habe ich besessen. An jedem dieser großartigen Autos habe ich Mängel gefunden: Zu heiß oder unkomfortabel, nicht schnell genug oder schlampig verarbeitet. Jetzt werde ich selbst einen fehlerlosen Gran Turismo bauen. Nichts Außergewöhnliches – ein ganz normales Auto. Aber ein perfektes Auto.«

Ferruccio Lamborghini im Oktober 1963

Ein Jahr vor der Gründung seiner Automobilfirma ist Ferruccio Lamborghini 46 Jahre alt, und Fotografien dieser Zeit zeigen einen sichtlich glücklichen Mann. Man sieht einen nicht großen, aber stämmigen Herrn mit einem sanften, offenen und zufriedenen Gesichtsausdruck. Ferruccio Lamborghini ist Perfektionist. Als Techniker und als Unternehmer gleichermaßen. Er ist davon überzeugt, dass sich Qualität und Emotionen nicht ausschließen. Und er ist sich sicher: Die Suche nach neuen und ungewöhnlichen Lösungen führt immer zu spannenden Ergebnissen.

Zu Beginn der 1960er-Jahre beauftragt Lamborghini sein junges, hochmotiviertes Team damit, einen Sportwagen zu entwickeln. Die seinerzeit beste verfügbare Technik soll darin vereint sein. Als Antrieb ist ein Leichtmetallmotor mit vier obenliegenden Nockenwellen geplant – zudem Einzelradaufhängung. Der Sportwagen soll eine aerodynamische Form besitzen, die Sportlichkeit mit Eleganz verbindet. Bis zu diesem Zeitpunkt sind schnelle Sportwagen meist filigrane und kapriziöse Geschöpfe, die von ihren Besitzern viel Geduld und Demut abverlangen. Lamborghini fordert von seinen Mitarbeitern ein Auto, das temperamentvoll und schnell, robust und ausdauernd, aber auch qualitativ hochwertig verarbeitet ist. Und: Es soll begeistern!

Ferruccio Lamborghini ist eine außergewöhnliche und charismatische Persönlichkeit. Den Eindruck, den er bei seinen Zeitgenossen hinterlässt, erweckt schnell eine gewisse Sympathie für seine Person und verlangt gleichzeitig Respekt ab, wie man aus den folgenden Äußerungen herauslesen kann.

So stellte ein britischer Fachjournalist Ferruccio Lamborghini seinerzeit als einen Mann dar, *„der mindestens zehn Jahre jünger wirkt, als er tatsächlich ist. Er ist recht klein, stämmig, gebaut wie ein junger Bulle, gutaussehend und zäh, lacht gern, vermittelt aber auch den Eindruck von Stärke und Entschlossenheit. Klar erkennbar ein Magnat, und einer von der Sorte, mit der man sich besser nicht anlegt. Der angreifende Stier, der zu seinem Markenzeichen wurde, war eine kluge, wohlüberlegte und poetische Wahl."*

Und Valentino Balboni, Testfahrer und 45 Jahre lang bei Lamborghini beschäftigt, verrät über seinen Boss Ferruccio: *„Ferruccio Lamborghini war ein netter Bauer. Er konnte fast kein korrektes Italienisch sprechen noch schreiben. Aber er hatte so viel Charakter, Temperament und Motivation. Ein Mann mit unglaublich viel Charisma und nahbar; er bewegte sich immer unter uns. Ich war damals noch ein Lehrling. Ferruccio kümmerte sich immer intensiv um seine Mitarbeiter und seine Kunden, selbst bis spät abends."*

Der Vertreter einer italienischen Tageszeitung bezeichnete ihn damals als *„den perfekten Vertreter des italienischen Industriemagnaten, der im Gegensatz zu den amerikanischen Bonzen dieser Art immer lacht, Vitalität ausstrahlt und über seine Firma sowie seine Produkte, aber auch über Frauen, gute Weine und gutes Essen spricht, wobei er natürlich jeweils das rechte Maß berücksichtigt."*

Sein langjähriger Mitarbeiter, der neuseeländische Entwickler und Testfahrer Bob Wallace, der zunächst für den Rivalen Ferrari und erst später für Lamborghini arbeitete, berichtet: *„Im Grunde genommen sind Ferrari und Lamborghini einander sehr ähnlich. Sie haben beide das Talent, Positionen mit genau den richtigen Leuten zu besetzen und diesen dann relativ freie Hand zu lassen. Ferrari ist gewiss nicht das, was immer wieder von ihm behauptet wird – herzlos und Ähnliches –, aber zu seinen Mitarbeitern hält er doch immer deutlich Distanz. Lamborghini hingegen ist eigentlich der typische Bauer. Den italienischen Staatspräsidenten begrüßte er beispielsweise mit ‚Ciao!'. Förmlichkeiten liegen ihm überhaupt nicht. Er ist vielleicht manchmal ein wenig grob, aber alles in allem ist er ein sehr offener Mensch. Ich habe ihn immer für sehr fair und sehr ehrlich gehalten."* Und Wallace weiter: *„Davon abgesehen war er ein prima Kerl: Als ich mal mit einem Mädchen aus Modena verabredet war, fragte ich ihn, ob er mir seinen Ferrari leihen könnte. ‚Kein Problem', sagte er, gab mir die Schlüssel und fuhr mit meinem Fiat 500 nach Hause."*

Einem englischen Journalisten drückte Lamborghini seine Befindlichkeit – als Ingenieur mit Leib und Seele – einmal wie folgt aus: *„Bitte entschuldigen Sie, ich spreche Ihre Sprache nicht. Mein Kopf ist zu sehr mit Getrieben gefüllt."* Und das britische Fachblatt *Motor* fand 1970 in einem Interview mit Ferruccio Lamborghini heraus: *„Lamborghini hat einen einfachen Geschmack. Er liest nie, nicht einmal die Zeitung, und er schaut gerne Westernfilme. Von harter Arbeit hält er nicht viel und hält sich nur am späten Vormittag in seinen Fabriken auf. Stattdessen verlässt er sich auf erstklassige hochdotierte Berater."* Das wird dem umtriebigen Lamborghini sicher nicht gerecht. Zwar verbringt er tatsächlich nur wenig Zeit an seinem

Schreibtisch, vielmehr motiviert er aber als pragmatischer Chef höchstpersönlich die Mitarbeiter in seiner Fabrik. In den ersten Jahren krempelt er gerne selbst die Ärmel hoch und packt mit an. Ein Rezept seines frühen Erfolgs liegt darin, dass er Talent dafür hat, Teams zusammenzuschmieden und auf Menschen zuzugehen.

Der 24-jährige Ingenieur Paolo Stanzani kommt direkt nach seinem Maschinenbaustudium an der Technischen Universität Bologna zur *Lamborghini Automobili S.p.A.* und nimmt eine Schlüsselrolle in deren Frühgeschichte ein. Stanzani erinnert sich: *„Ich hatte großen Respekt vor Ferruccio Lamborghini, denn er war einer der intelligentesten Menschen, die ich je getroffen habe. Er hatte jedoch eine einfache Erziehung genossen und wenig Gefühl für Kultur. So gab es kein persönliches, sondern ein eher distanziertes Verhältnis zwischen uns."*

Ein anderer Zeitgenosse berichtet, dass *„Ferruccio Lamborghini sein eigener Herr ist"*, der auf eine ihm sehr eigene Art seinen Erfolg genieße. Er kann sich jedes Auto leisten, das ihm gefällt, und er kann sich auch so anziehen, wie es ihm gefällt, und tut dies auch. So mancher Besucher einer Party in der *Casa Lamborghini* in Bologna erzählt, vom Gastgeber *„in Arbeitskleidung mit Pantoffeln an den Füßen"* begrüßt worden zu sein, denn Lamborghini *„war schließlich bei sich zu Hause"*.

Für einen Industriellen ist Lamborghini bemerkenswert leicht ansprechbar und umgänglich. Als ein Journalist den frischgebackenen Automobilhersteller 1963 zum ersten Mal in dessen neuem Werk in Sant'Agata Bolognese aufsucht, findet er ihn mit hochgekrempelten Ärmeln zusammen mit einigen

Mitarbeitern fröhlich an einem Motor herumschrauben. Die meisten Leute halten ihn für einen außergewöhnlich demokratischen Chef, der erstaunlicherweise nichts dagegen hat, Autorität zu delegieren. Dieser Punkt ist sehr bemerkenswert.

Doch hier sei sie erzählt, die Geschichte des Ferruccio Lamborghini, des „Traktorenkönigs", der mit den Profiten aus dem Agrarmaschinengeschäft einige der aufregendsten Sportwagen auf die Räder stellt, welche die Welt je gesehen hat.

Im Jahr 1916, inmitten des Ersten Weltkriegs, gelten im farbenprächtigen Italien noch alte Herrschaftsregeln: Der Geburtsort eines Mannes und sein Sternzeichen sind heilig. Somit scheint ein Teil von Ferruccio Lamborghinis Lebens bereits vorgezeichnet zu sein. In Renazzo, einer Ortschaft zwischen Bologna und Ferrara, gelegen in der norditalienischen Provinz Emilia, wird am 28. April 1916, im Haus mit der Nummer 22, der Bauernsohn Ferruccio Elio Arturo Lamborghini geboren. Seinem Sternzeichen, dem Stier, wird er alle Ehre machen. Nur vier Tage später, am 2. Mai 1916 wird Ferruccio (eine Koseform von Ferro, der Eiserne) römisch-katholisch getauft. Dem Stammhalter folgen in den nächsten Jahren noch vier weitere Geschwister.

Die Familie Lamborghini befasst sich seit Generationen mit der Landwirtschaft und dem Weinbau. Den jungen Ferruccio hingegen fasziniert alles Mechanische. Er hilft früh bei den Reparaturen von Vaters Traktor und ist mehr von landwirtschaftlichen Maschinen als vom landwirtschaftlichen Lebensstil angezogen. Bald richtet er sich in der Scheune des elterlichen Bauernhofes eine kleine Werkstatt ein und repariert dort alles, was es vor Ort zu reparieren gibt. Die Eltern Antonio und Evelina Lamborghini erkennen schnell das Talent und den erfrischenden Ehrgeiz ihres fleißigen Sohnes. Sie schicken ihn nach Abschluss der Schule auf die Technische Hochschule in Bologna, wenngleich der Vater über den Traditionsbruch seines Sohnes nicht begeistert ist. Der junge Ferruccio ist ein Draufgänger und den angenehmen Seiten des Lebens gegenüber nicht verschlossen. Besonders hübsche Frauen haben es dem 1,70 Meter großen Burschen angetan ...

Seine Fachausbildung wird er nicht beenden. Der Zweite Weltkrieg steht unmittelbar vor der Tür. Bei Kriegsausbruch ist Ferruccio 23 Jahre alt. Seinen Militärdienst absolviert er beim 50. Artillerie-Regiment, mit dem er 1940 auf die griechische Insel Rhodos versetzt wird, die mittlerweile italienisch besetzt ist. Hier arbeitet er beim Wartungspersonal im Bereich der Instandhaltung und Reparatur des Militärfuhrparks. Als Mechaniker zählt er nicht zur kämpfenden Truppe. Ferruccio repariert alles, was mit Motoren ausgerüstet ist, und erwirbt sich so schnell den Ruf eines hervorragenden Mechanikers. Zum Erstaunen seiner Vorgesetzten gelingt es ihm auf Rhodos, fast alles wieder zum Laufen zu bringen. Eines Tages jedoch landet er mit dem heißgeliebten roten 1750er Alfa Romeo Cabrio seines Vorgesetzten im Mittelmeer. Ferruccio stürzt nach einer eigenhändig durchgeführten Bremsenrevision während der Probefahrt in die Ägäis. Der Offizier verzeiht seinem jungen, sympathischen Mechaniker, und der Vorfall bleibt glücklicherweise ohne Folgen für ihn. Außer einigen blauen Flecken kommt er glimpflich davon. Obwohl die

Insel 1943 von den britischen Alliierten besetzt wird, ändert sich für den inzwischen kriegsgefangenen Lamborghini in den kommenden Jahren nicht viel. Und hier auf Rhodos lernt er bereits seine spätere Frau Clelia Monti kennen – Tochter einer italienischen Unternehmerfamilie.

Aus einer Monarchie wird am 2. Juni 1946 – per Volksabstimmung – die Republik Italien. Im September 1946 kommt Lamborghini zurück nach Italien. Der inzwischen 30-jährige Rückkehrer eröffnet in seinem Heimatdorf eine kleine Reparaturwerkstatt. Hier repariert er Landmaschinen und stellt nebenbei aus alten Eisenstangen Turngeräte her. Aber auch einen alten Fiat 500 Topolino verwandelt er dort in einen röhrenden Zweisitzer mit 750 ccm Hubraum und einem bronzenen Zylinderkopf. An einem Autorennen nimmt Ferruccio allerdings nur ein einziges Mal teil. Zusammen mit seinem Freund Gianluigi Baglioni startet er bei der *15. Mille Miglia*. Ihre Teilnahme endet jedoch erfolglos. Lamborghini pflegt einen waghalsigen Fahrstil, und der mechanisch stark modifizierte Fiat kommt im Laufe des Rennens von der Strecke ab. Nachdem das Fahrzeug mit einem Restaurant kollidiert, müssen die beiden Freunde aufgeben. Lamborghini schildert das Ereignis später so: *„Meine Mille Miglia endete in einer Osteria, die ich mit dem Auto durch die Wand betrat."*

Lamborghini erkennt schnell, woran es in diesen Zeiten fehlt. In den Nachkriegsjahren benötigt sein Heimatland dringend Produktionsmittel, um wirtschaftlich wieder auf die Beine zu kommen. Nach 20 Jahren Faschismus beginnen in Italien neben dem geistigen auch der wirtschaftliche Wiederaufbau und Neuanfang. Die italienische Industrie hatte sich in den vergangenen Jahren ausschließlich auf die Herstellung von Kriegsgütern verlegt. Mit dem Geld, das er durch seine Werkstatt verdient, kauft Lamborghini ausgediente und zurückgelassene Lastwagen aus Armeebeständen auf. Die baut er mit Geschick zu stark gefragten landwirtschaftlichen Maschinen um. Die Idee dafür kommt ihm auf seiner Hochzeitsreise im Frühjahr 1947, die das frisch vermählte Paar nach Venedig führt. Ferruccio fällt auf, wie viel Kriegsschrott noch überall in der Gegend herumliegt. Der Legende nach bricht er seine Hochzeitsreise nach dieser Erkenntnis vorzeitig ab. Aus dieser ersten Ehe mit Clelia Monti geht sein Sohn Tonino hervor, der im Oktober 1947 geboren wird. Seine Frau stirbt tragischerweise kurz nach Toninos Geburt an einer Nierenentzündung. Lamborghini stürzt sich nun tief in seine Arbeit und versucht, sich von diesem Schicksalsschlag abzulenken. Der kleine Tonino hingegen wird zu Verwandten gegeben.

Lamborghinis erste Traktoren basieren auf englischen Morris-Lastwagen mit Sechszylinder-Benzinmotoren. Die Lastkraftwagen werden dafür demontiert, die Chassis zersägt und eingekürzt und zu Traktoren umgebaut. Getriebe und Differential stammen von amerikanischen Dodge-Fahrzeugen. So entstehen in kurzer Zeit die ersten improvisierten Carioca-Traktoren. Lamborghini hat sich für deren Herstellung mit Traktorenmechanikern und einem alten Kameraden aus Militärzeiten zusammengetan. Diese Idee erweist sich als so erfolgreich, dass Ferruccio, um den Aufträgen nachkommen zu können, weitere Mitarbeiter einstellt. Nach kurzer Zeit gründet er 1949, im Alter von 33 Jahren, schließlich seine eigene

Traktorenfabrik in Cento, unweit von Renazzo. Am Ortsrand findet er ein passendes Grundstück, auf dem er eine moderne Produktionsstätte errichten lässt. Der Vater glaubt an seinen Sohn und überlässt Ferruccio 500.000 Lire als Startkapital. Das Geschäft floriert, und mit dem Aufschwung der Nachkriegsjahre entwickelt sich Lamborghini innerhalb Italiens schnell zu einem wichtigen Hersteller von landwirtschaftlichen Geräten. Auf der Motorenhaube seiner Traktoren prangen nun drei Buchstaben: FLC – Ferruccio Lamborghini Cento.

In Cento lernt Lamborghini auch seine zweite Frau kennen: die 24-jährige Grundschullehrerin Annita Borgatti. Sie gilt als ruhig, zurückhaltend, aber willensstark, und sie nimmt sich des kleinen Tonino als Mutterersatz an. 1949 läuten abermals die Hochzeitsglocken. Annita ist aber auch für die Entwicklung und das Wachstum des Unternehmens von entscheidender Bedeutung. Sie kümmert sich um die Buchhaltung und die Personalorganisation. Die Ehe wird jedoch wieder geschieden. Im reifen Alter von 58 Jahren zeugt Ferruccio – mit seiner dritten Frau Maria Theresa Cane – ein zweites Kind: seine Tochter Patrizia.

Benzin ist zu jener Zeit knapp und teuer, daher entwickelt der erfinderische Lamborghini für die Morris-Motoren einen Kraftstoffzerstäuber. Mit diesem können die Traktoren mittels Benzins gestartet werden und anschließend auf billigeren Diesel umgestellt werden. Die selbst entwickelten Traktoren werden mit Zwei-, Drei- und Vierzylinder-Dieselmotoren hergestellt. Ein Motor mit Direkteinspritzung wird ab 1954 das Traktorenprogramm ergänzen.

Bald beginnt Lamborghini, Traktoren aus eigener Entwicklung zu bauen. Zunächst wird pro Tag ein Traktor hergestellt. Zehn Jahre später verlassen jährlich 1500 Traktoren das Werk in Cento, wobei 80 Prozent der eingesetzten Teile aus eigener Fertigung stammen. Die *Lamborghini Trattori* wird als Landmaschinenhersteller zum drittgrößten Branchenriesen in Italien – hinter Fiat und Ferguson. Nach einem Besuch in den USA erweitert der dynamische Ferruccio Ende der 1950er-Jahre sein Firmenportfolio noch um eine Fabrik für Ölbrenner und Klimageräte, die unter dem Namen *Lamborghini Bruciatori S.p.A.* firmiert.

Mittlerweile werden täglich 15 Traktoren und 100 Heizkörper gefertigt. Lamborghini legt dabei großen Wert auf den Service- und Kundendienst. Bemerkenswert ist, dass auf die 150 Mitarbeiter in der Klimaanlagen- und Ölbrennerfabrik landesweit verteilt rund 2000 Kundendiensttechniker kommen. Diese bieten einen 24-Stunden-Service an sieben Tagen der Woche. Das Unternehmen ist sehr erfolgreich und erhält den italienischen „Firmen-Oscar“, den *Mercurio d’Oro*. Lamborghini ist nun ein reicher Mann, der sich viel leisten kann. Er ist eine überaus charismatische, fesselnde Person von hoher Intelligenz, dabei aber gar nicht abgehoben. Der Erfolg verändert ihn nicht. Sein weiterhin rasch wachsendes Vermögen erlaubt es ihm, seinem Verlangen nach schönen, schnellen Autos nachzugehen. Einen Teil seines mit sehr langsamen Fahrzeugen verdienten Geldes tauscht er regelmäßig gegen schnelle Autos um.

Ferruccio Lamborghini besitzt viele Autos. Seine Leidenschaft gehört den Sportwagen. In den frühen Jahren, vor der Gründung seiner *Lamborghini Automobili S.p.A.*, besitzt der erfolgreiche Unternehmer neben einem Alfa Romeo 1900 Sprint und einem Lancia Aprilia unter anderem einen Mercedes-Benz 300 SL, einen Morgan, ein Jaguar E-Type Coupé sowie zwei Maserati 3500 GT. Über Maserati und seinen Eigentümer Orsi befindet er später: *„Vor Adolfo Orsi hatte ich großen Respekt: Er hatte sein Leben als armer Junge begonnen, genau wie ich. Aber ich mochte seine Autos nicht sehr. Sie fühlten sich schwer und gingen nicht wirklich schnell."*

Bereits mit Mitte 40 kann Lamborghinis Karriere als durchaus gelungen bezeichnet werden. Anfang der 1960er-Jahre schließt er Bekanntschaft mit seinem Landsmann Enzo Ferrari, der nicht weit entfernt, in Maranello, erfolgreich Sportwagen baut. Ferruccio Lamborghini ist ein guter Kunde bei Ferrari, doch ein Streit beendet die Männerbekanntschaft, aus der sich bald eine erbitterte Konkurrenz entwickeln wird. Jene Begebenheit verdankt der Welt Autos wie den Miura, Espada, Countach oder spätere High-End-Sportwagen wie den Murciélago.

Der Legende nach setzt sich Lamborghini eines Tages in seinen Ferrari und fährt ins gut 40 Kilometer entfernt gelegene Maranello, um *„den Chef zu sprechen"*. Lamborghini ist langjähriger Kunde und Besitzer zahlreicher Ferraris. 1958 kauft er zunächst einen Ferrari 250 GT. Ein zweisitziges Coupé, karossiert vom berühmten Battista Pininfarina. Im Laufe der Jahre erwirbt er weitere Modelle. Darunter eine von Sergio Scaglietti designte 250 GT SWB Berlinetta sowie einen grau lackierten 250 GT 2+2, beige gepolstert.

Sein neuester Wagen ist ein unzuverlässiger weißer Ferrari 250 GT mit hellblauem Ledergestühl, ein Geschenk an seine Frau. Das Auto hat immer wieder Kupplungsprobleme, was Lamborghini schlechter Qualität zuschreibt. Das Durchrutschen der Kupplung kann nie zu seiner Zufriedenheit gelöst werden. Er findet heraus, dass Ferrari seine Kupplungen beim gleichen Hersteller bezieht wie er die für seine Traktoren. Prinzipiell befindet Lamborghini Ferraris als gute Autos. Nur sind sie ihm zu laut, zu rau und für Straßenfahrzeuge innen zu schlecht verarbeitetet. Wegen der anhaltenden Probleme verlangt er deswegen vom Chef persönlich eine Erklärung. Ferrari jedoch empfängt den emporgekommenen Selfmademan nicht und meint nur lapidar, dass Lamborghini *„vielleicht Traktoren bauen kann, aber anscheinend nicht seine Autos fahren kann."* Ferrari wendet seinen Ausspruch: *„Der Kunde hat nicht immer recht"* offensichtlich bei Ferruccio Lamborghini an. Und von Ferraris Vorzimmerdame wird er mit den Worten *„so etwas sei in diesem Hause nicht üblich"* abgespeist. Solche Abfuhren können impulsive, erfolgreiche und einflussreiche Männer aber nun gar nicht vertragen, und schon überhaupt nicht eigensinnige, italienische Dickschädel wie Ferruccio Lamborghini, welcher der Legende nach anschließend wutschnaubend nach Hause gefahren sein soll. Diese Schmach will der stolze Lamborghini nicht auf sich sitzen lassen. Die Kupplung des 250 GT modifiziert der Pragmatiker erfolgreich selbst – und seine anschließende Rache fällt drastisch aus. Lamborghini hat das Gefühl, niemand könne ihm den perfekten Tourenwagen bauen und Attribute erfüllen, die er bei den anderen Herstellern vermisst: hohe Leistung, Lenkbarkeit, Fahrqualität und ein gut verarbeitetes Interieur. So muss er selbst ein Auto nach seinen Vorstellungen und Vorgaben bauen.

In einem seiner letzten Interviews Anfang der 1990er-Jahre schilderte Ferruccio Lamborghini den Vorfall mit Enzo Ferrari wie folgt: „*Alle meine Ferraris hatten Probleme mit der Kupplung. Solange Du normal gefahren bist, war alles in Ordnung. Bist Du aber scharf gefahren, ist die Kupplung beim Beschleunigen durchgerutscht. Sie war einfach zu schwach. Ich habe meinen Wagen regelmäßig nach Maranello gebracht, um die Kupplung überholen oder erneuern zu lassen. Jedes Mal hat man mir mein Auto für mehrere Stunden weggenommen. Ich durfte nicht zusehen, wie mein Auto repariert wird. Das gefiel mir nicht. Als ich Jahre später meine eigene Autofabrik hatte, war unsere Politik dem Kunden gegenüber eine völlig andere.*"

Lamborghini will Ferrari gewisse Verbesserungen für seine Sportwagen vorschlagen – von Fahrzeugfabrikant zu Fahrzeugfabrikant. Doch der ebenso stolze und durchaus etwas eigenwillige Ferrari will sich keineswegs von einem Traktorenbauer sagen lassen, wie man Sportwagen baut. Lamborghini berichtet, wie sich die weitere Auseinandersetzung mit Enzo Ferrari abgespielt hat: „*Das Problem mit der Kupplung ließ sich nie wirklich beheben. Also wollte ich Enzo Ferrari sprechen. Ich musste sehr lange auf ihn warten. Ferrari, Deine Autos sind Schrott, habe ich mich beschwert. Da war der Commendatore außer sich. Lamborghini!, hat er in einem cholerischen Anfall getobt. Lamborghini! Du kannst vielleicht einen Traktor fahren, aber Du wirst nie fähig sein, mit einem Ferrari richtig umzugehen. Für mich waren das die Minuten, in denen ich mir in den Kopf gesetzt habe, ein perfektes Auto zu bauen.*"

Der erste Lamborghini entsteht also aufgrund eines Wutausbruchs und ist somit ein Produkt der Selbstherrlichkeit des großen Enzo Ferrari gegenüber seiner Kundschaft. Nach seinem Treffen mit Ferrari beschließt Lamborghini, seine eigenen Autos zu bauen. Seinem französischen Freund Jean-Marc Borel soll er in den 1980er-Jahren allerdings geflüstert haben, dass er nie in Maranello gewesen sei. Wie dem auch sei. Im Jahr 1963 gründet er die *Automobili Ferruccio Lamborghini S.p.A.* Der Eintrag im Handelsregister datiert vom 7. Mai. Was Ferruccio Lamborghini einmal beginnt, wird ohne Rücksicht auf Verluste durchgeführt. Er kauft ein Grundstück in Sant'Agata Bolognese und baut dort das modernste Automobilwerk jener Zeit.

Ungefähr zur selben Zeit verlassen nach einem Streit mit ihrem Chef mehrere enttäuschte Mitarbeiter, darunter Techniker und Designer, die Firma Ferrari. Weder werden ihre neuen Ideen und Konzepte dort akzeptiert, geschweige denn umgesetzt. Unter ihnen ist Giotto Bizzarrini. Der gilt nach der Entwicklung des Ferrari 250 GTO als *der* italienische Motorenpapst. Lamborghini beauftragt dessen Konstruktionsbüro bereits im Frühling 1962 mit der Entwicklung eines über alle Maßen kraftvollen Motors für einen Sportwagen – der Lamborghinis Namen tragen soll. Lamborghini diktiert von nun an das Format: Die Anzahl der Zylinder eines Autos sind für einen Mann wie Ferruccio besonders wichtig und bringen Prestige, Ruhm und Status. Zwölf Zylinder sind mittlerweile Pflicht, will man mit den Großen in diesem Geschäft mithalten. Acht Zylinder sind nicht genug. Sechs Zylinder repräsentieren nur Mittelklasse. Vier Zylinder stehen für den Mann der Straße, und zwei Zylinder sind für „arme Schlucker". Lamborghini hätte gerne 16 Zylinder gehabt, das heißt, er wollte dem Zwölfzylinder von Ferrari noch einen Schritt voraus sein.

Doch 16 Zylinder hätten den Motor zu lange gemacht. Lamborghini entscheidet sich schließlich für zwölf. Jedoch hat der Motor vier obenliegende Nockenwellen – die doppelte Anzahl von Ferrari. Und Lamborghini stellt Bizzarrini als Bedingung, dass dieses Aggregat stärker sein müsse als jeder bisher gebaute Ferrari-Motor. Der Legende nach soll er ihm für jedes PS mehr eine Prämie in Aussicht gestellt haben.

Doch es kommt zu Meinungsverschiedenheiten und Spannungen zwischen den beiden, da Lamborghini die hohe Drehzahl des Motors bemängelt. Er hätte ein kultiviertes und kein Renntriebwerk in Auftrag gegeben. Damit ist die Zusammenarbeit beendet, und die beiden sehen sich nicht wieder. Gian Paolo Dallara und Paolo Stanzani vollenden schließlich den Motor, dessen Grundkonzept über Jahrzehnte beibehalten wird.

Im Pflichtenheft steht ferner, dass der Lamborghini die Elemente der schönsten Sportwagen vereinen soll: ein Vorderteil wie der Jaguar E-Type, ein Heck wie der Aston Martin DB4, kombiniert mit Zügen der Chevrolet Corvette und des Ferrari Superfast. Denselben Maßstab legt Lamborghini auch für seine Mitarbeiterinnen an: Auf die Feststellung eines Journalisten, dass seine drei Sekretärinnen leicht Kandidatinnen für einen Schönheitswettbewerb sein könnten, erklärte Lamborghini nur lapidar: *„Die kosten mich dasselbe wie Hässliche.“*

Für das Karosseriedesign wird Nuccio Bertone verpflichtet, der daraufhin den legendären Lamborghini 350 GTV entwirft. In Bertone und Lamborghini finden sich zwei Seelenverwandte. *„Zeit meines Lebens habe ich ein paar perfekte Schuhe gesucht. Endlich habe ich sie gefunden – und die will ich unbedingt“*, soll Nuccio Bertone gesagt haben, als ihn Ferruccio auf dem Turiner Salon ansprach, ob er den neuen Supersportwagen gestalten wolle. Beide finden in ihren größten Wettbewerbern ihre Intimfeinde: Ferrari und Pininfarina. Die gilt es zu übertreffen, was auch schon bald gelingen soll.

Für den Bau des ersten Sportwagens genügt Lamborghini vorläufig eine Ecke in seiner Traktorenfabrik. Im November 1963 präsentiert Ferruccio – zu Enzo Ferraris großem Missvergnügen – auf dem Turiner Autosalon sein erstes Auto: den Lamborghini 350 GTV. Sein Ziel: Er will Ferrari im Hinblick auf Tempo, Raffinesse und Eleganz übertreffen.

Lediglich ein Jahr hat Lamborghini benötigt, um die Kränkung in eine Idee, die Idee in eine eigene Firma und schließlich in ein fertiges Automobil umzusetzen. Im Laufe des Winters 1963/64 wird das neue Lamborghini-Automobilwerk in Sant'Agata fertiggestellt. Im Gegensatz zu den Konkurrenten Maserati und Ferrari, die klein angefangen haben und ihre Fertigungen immer wieder erweitern oder umziehen müssen, kennt Lamborghini dieses Problem nicht. Geld ist genug vorhanden. Die neuen Gebäude werden modern und geräumig, um sie in Zukunft nicht vergrößern zu müssen. Zu Lamborghinis cleversten Entscheidungen zählt die Wahl des wild angreifenden Stiers als Firmensymbol. Natürlich auch im übertragenen Sinn. Im Sternzeichen des Stiers geboren, hat er dieses Markenzeichen bereits für seine erfolgreiche Traktorensparte verwendet.

Der 350 GTV ist bei Weitem noch nicht perfekt, und der Wagen bekommt eine nur mäßige Kritik: Seine Linien seien zu weich, lautet der einhellige Tenor. Bei dem Motor jedoch übertrifft Giotto Bizzarrini sich selbst und präsentiert einen Zwölfzylindermotor mit 3,5 Litern Hubraum und 400 PS. Lamborghinis Autos sind nicht günstig, denn sie sind nicht nur komplett von Hand gefertigt, sondern auch aus hochwertigen Materialien hergestellt. Nur das Beste ist gut genug. Zudem wird viel getestet. Jeder eingebaute Motor muss 20 Stunden Probe laufen, bevor er in das Chassis eingebaut wird. Schließlich verlässt kein Lamborghini mit weniger als 300 Testkilometern das Werk.

Lamborghinis selbst gestecktem, hohem Anspruch kommt der nachfolgend erscheinende Miura P400 bereits sehr nahe. Benannt ist er nach dem renommierten Züchter spanischer Kampfstiere, Don Eduardo Miura. Dessen Landgut in Sevilla besucht Ferruccio 1962 und ist von den kraftvollen, majestätischen Miura-Stieren tief beeindruckt. So sehr, dass er sich schon auf der Heimfahrt dafür entscheidet, den wütend schnaubenden, frontal angreifenden Bullen als Emblem für seine Autofirma zu verwenden. Der Entwurf dafür stammt von dem Grafiker Paolo Rambaldi. Auch spätere Lamborghinis stehen namentlich in Verbindung mit dem Stierkampf.

Erschaffen wird der Miura Mitte der 1960er-Jahre durch ein Triumvirat: Gian Paolo Dallara als Chefkonstrukteur, Bob Wallace als Entwicklungsingenieur und Testfahrer sowie Marcello Gandini aus dem Hause Bertone, der das Auto karossiert und für die Außenhaut verantwortlich zeichnet. Lamborghini gelingt es, eine optische und technische „Bombe“ zu bauen. Auf dem Genfer Autosalon präsentiert, erobert der Miura im Frühjahr 1966 schließlich die Welt im Sturm: eine zur Wirklichkeit gewordene Traumvision, die ausnahmslos überall Begeisterung hervorruft und alles bisher Erschienene in den Schatten stellt. Der Miura erschüttert den Sportwagenmarkt wie kein anderes Auto vor ihm und wird schon zu Lebzeiten zu einer Legende. Damit stellt er Lamborghini auf eine Stufe mit Ferrari.

Nach Ansicht eines amerikanischen Journalisten stellt der Miura *„das Schärfste aus Italien nach Sophia Loren"* dar. Man kann sich beim ersten Blick in den Körper des Miura verlieben. Er strahlt Modernität und Eleganz aus. Er wirkt sehr sinnlich – ohne jede Arroganz. Der Miura macht die Supersportwagen-Szene nachdenklich und zwingt den Hauptkonkurrenten Ferrari dazu, etwas wirklich Neues zu entwickeln. Zu seiner Zeit ist er der schnellste Seriensportwagen der Welt. Innerhalb kürzester Zeit wird er zur automobilen Legende und verwandelt Lamborghini in die aufregendste Automanufaktur der Welt.

Valentino Balboni erinnert sich: *„Bei den ersten Exemplaren des Miura waren wir spät dran. Nachts, um ein oder zwei Uhr, wenn es keinen Verkehr gab, standen die Testfahrten an. Wir waren draußen im Dunklen auf dem Fabrikgelände: Ferruccio, drei oder vier Mechaniker und ich als Lehrling. An der Werksausfahrt ging es nur nach links oder rechts; jeweils eine lange, gerade Landstraße. Ferruccio wollte die Motoren hören und zählte die Gangwechsel der wegfahrenden Miuras mit: erster Gang, zweiter Gang ... man konnte den herrlichen Motorenklang nachts in der ganzen Umgebung von Sant'Agata kilometerweit hören. Wenn der fünfte Gang eingelegt war, sagte Ferruccio immer: Jetzt kann nichts* *mehr kaputtgehen. Ihr könnt jetzt nach Hause gehen. Das war die erste Qualitätskontrolle, die ich von Ferruccio Lamborghini gelernt habe!"*

Für den neuen Miura hagelt es Aufträge. Um im Jetset zu bestehen, muss man nun einen Lamborghini besitzen. Frank Sinatra formuliert es wie folgt: *„Du kaufst Dir einen Ferrari, wenn Du jemand sein möchtest. Du kaufst Dir einen Lamborghini, wenn Du jemand bist!"* Dramatischer, brachialer, erschütternder, ja brutaler und leidenschaftlicher kann ein Automobil kaum sein. Dieses Auto bleibt ein über Generationen hinweg dauernder ungestillter Männertraum.

Ferruccio Lamborghini selbst vergleicht den Miura mit *„einer herrlichen Geliebten: sehr kostspielig, aber unvergesslich"*. Wie wahr, denn der P400 ist bis heute ein Objekt der Leidenschaft und ein Grund für lupenreine Emotionen. Er wurde von heißblütigen jungen Männern erdacht, entwickelt und mit Eifer erbaut. *„Er starb einen viel zu frühen Tod. Sein Ende war ebenso tragisch wie so manche Liebe in der klassischen italienischen Oper"*, stellte ein Journalist vor einigen Jahren fest. Der Miura wird bei Bertone in Turin gebaut. Die Karosserie, das Interieur und die Lackierung stammen von dort, um dann bei Lamborghini in Sant'Agata mit Motor, Getriebe, Vorder- und Hinterachse vereint zu werden. Während die eigentlichen Chassis aus einer Werkstatt in Modena kommen.

Manche Autoren bekennen sich freimütig dazu, dass sie sich außerstande sehen, eine objektive Beurteilung des Miura vorzunehmen. Für viele ist er der unbestrittene Favorit unter den Lamborghinis. Der Wagen, der das automobile Herz am höchsten schlagen lässt. Er zählt unbestritten zu den schönsten, aufregendsten und begehrenswertesten Autos, die jemals gebaut wurden. Und er wirkt auf den Betrachter nackt: keine Stoßstangen, keine Stoßleisten an den Türen, keine Regenleisten, kein Zierrat und keine Sicherheitsgurte. In seiner Unschuld wirkt er charmant.

Im Zusammenhang mit dem neu erschienenen Miura gibt es eine schöne Anekdote: José Rosinski, ein talentierter Journalist und erfahrener Rennfahrer, kommt nach Italien, um einen Lamborghini Miura für das französische Sportwagen-Fachblatt *Sport Auto*, zu testen. Er steigt in den Wagen und macht sich auf die nahe gelegene Autostrada. *„Wir stoppten ihn mit einer Geschwindigkeit von 288 km/h"*, erinnert sich Bob Wallace, und in seine Augenwinkel schleichen sich kleine Lachfalten. Für Wallace war das aber offensichtlich noch nicht schnell genug. Er bittet Rosinski, am nächsten Tag eine weitere Probefahrt zu machen. Rosinski folgt der Aufforderung. *„Als er schließlich während der neuerlichen Testfahrt aus einer Unterführung hervorschießt, wird der Wagen von einer Windböe erfasst, und die Schnauze des Miura steigt steil nach oben. Der Wagen hebt einfach vom Boden ab, und alles, was Rosinski sieht, ist der Himmel über ihm"*, erzählt Wallace weiter. Bei welcher Geschwindigkeit das passierte sei, wird Wallace gefragt. *„Keine Ahnung, ich habe Rosinski nicht danach gefragt. Wäre wohl auch zwecklos gewesen: Er hat danach nie wieder ein Wort mit mir gesprochen. Als Rosinski ins Werk zurückkam, war er immer noch ganz bleich im Gesicht. Ich habe keine Ahnung, wie er den Wagen wieder auf den Boden brachte oder wie der Wagen von selbst wieder auf die Straße zurückfand und sich vernünftig fahren ließ."*

Sein Nachfolger, der Countach, ist sicher das ausgereiftere und bessere Auto und verdient nicht weniger Bewunderung, doch der Miura ist ein Objekt zum Verlieben. Er ist eine unwiderstehliche Mischung aus kühner Schönheit, kreativer Technik und ergreifender Leistung. Eine Bereicherung des Stadtverkehrs durch höchste Anmut. Wer ihn je gefahren hat, wird ihn mit einem Anflug von Tristesse zurückgeben. Mit dem gewissen Gefühl, dass so etwas Großartiges und Schönes einmal die ganze Automobilwelt in Atem gehalten hat. Auf der Liste der besten Supersportwagen aller Zeiten nimmt der Miura einen Platz sehr weit oben ein. Leicht, sinnlich und zugleich brutal, mit ihren typischen Designdetails, umhüllt die Miura-Karosserie eine Technik, die nicht minder zu verführen mag: ein rennsportliches Stahl-Monocoque als Basis, und hinter dem Kopf des Fahrers logiert ein quer eingebauter V12-Mittelmotor – die Verkörperung des Motorsports. Das Lamborghini-Triebwerk ist herrlich, aufregend und einfach perfekt, eine einzigartige Verschmelzung von Wildheit und Sanftmut. Bei Leerlaufdrehzahl bollert es gemächlich vor sich hin und dreht doch bei der leisesten Betätigung des Gaspedals sofort hoch wie ein Superbike-Motor. Seine Leistungskurve steigt flach, aber stetig nach oben – wie das Profil eines Vulkans.

Lamborghini präsentiert einen fabelhaften Hochleistungsmotor. Mit weit geöffneten Drosselklappen stürmt der Miura wie eine Wildkatze die Straße entlang. Ein Miura-Fahrer beschreibt seine Fahreindrücke wie folgt: *„Erster Schritt: Den Starter herumdrehen und einen Moment warten, bis die elektrische Pumpe die vier großen Weber-Vergaser mit Kraftstoff versorgt hat, was ein bisschen dauern kann, wenn der Wagen* *einige Tage nicht gefahren wurde. Also, ein paarmal das Gaspedal vorher durchtreten. Jetzt den Schlüssel drehen – und hinter Ihnen ist die Hölle los. Das ist ein Röhren und Brüllen wie in einem Löwenkäfig, in dem gerade Futterzeit ist. Das ist die Musik der Nockenwellen, von einem Dutzend stampfender Kolben, von zwei Dutzend Ventilen und natürlich weit über 300 wildgewordenen Pferden. Und Sie hören jedes und jeden von ihnen. Das mag zwar ein Straßenmotor sein, aber es ist in jeder Hinsicht so faszinierend, als höre man einen Formel-1-Zwölfer. Und dann erst das Fahren ...“*

Selbst im zweiten Gang lässt sich der Miura warmgefahren noch bis 160 km/h hochdrehen. Die Intensität der musikalischen Motorenberieselung wird mit dem rechten Fuß geregelt. Ein Journalist schreibt später fast poetisch: *„Man sieht ihm das Alter nicht an. Auch heute, mit 21 Jahren, ist er immer noch das jugendlichste Auto, das auf einem Reißbrett geboren wurde. Sein schmerzlich schöner Körper verfolgt einen noch in den Träumen, und seine Stimme versüßt die Luft. Aus einer Entfernung von mehr als einem Kilometer kann man seinen Motor hören, und hat man in ihm Platz genommen, so vernimmt man kein anderes Geräusch. Wird das Gaspedal ganz durchgetreten, so dass alle zwölf Drosselklappen ganz geöffnet sind, kommt der Pegel im Innenraum auf 99 dBA. Unter normalen Umständen wird hierdurch die Schmerzgrenze erreicht, aber bei diesem Fahrzeug steht der Wert für ein außerordentliches Hörvergnügen ...*

Armin Johl über LAMBORGHINI

»Ferruccio Lamborghini war ein Mann, der vor Ideen nur so sprühte. Damals war es für mich das Größte und ein unglaubliches Erlebnis, wenn man so einen Menschen kennenlernen durfte. Einen Prominenten, der als Mensch auch noch so liebeswürdig war. Ich war überglücklich, seine Bekanntschaft machen zu dürfen. Ferruccio war von seiner Art her ein sehr interessanter Mann und strahlte viel Freundlichkeit aus. Man merkte ihm aber auch sofort an, dass er ein Macher ist.

Meine Bekanntschaft mit Ferruccio kam über den Lamborghini-Testfahrer Valentino Balboni zustande. Vale, wie ihn alle kurz nannten, stand lange Zeit in Diensten der Firma Lamborghini. Er testete über Jahrzehnte das gesamte Sportwagenprogramm der Marke und fuhr die Fahrzeuge Probe. Zudem kümmerte er sich persönlich intensiv um die exklusive Kundschaft. Ein Mädchen für alles sozusagen und die gute Seele des Hauses. Kennengelernt habe ich Valentino beim Abholen meines ersten Lamborghini, eines Miura S, in der Fabrik in Sant'Agata.

Sehr gerne erinnere ich mich in diesem Zusammenhang auch an die folgenden privaten Einladungen bei den Balbonis, wenn es im familiären Rahmen Tortellini zu essen gab. Vales Mutter und seine Oma verstanden es meisterhaft, die Teigwaren selbst herzustellen. In der Familie ging es typisch italienisch und immer sehr herzlich zu. Vale und ich hatten damals ähnliche Figuren, und ich habe ihm viel von meiner Kleidung abgegeben, die ich nicht mehr länger trug. So war er immer sehr gut angezogen. Eine Zeit lang hatte ich bei ihnen sogar ein Auto stehen. Ich bin immer von Frankfurt nach Bologna geflogen. Am Flughafen wurde ich abgeholt und hatte somit vor Ort ein Auto zur Verfügung. Das war sehr praktisch und angenehm.

Eines Tages jedenfalls sagte Vale zu mir: „Wir fahren mal gemeinsam zu Ferruccio und besuchen ihn. Dann werde ich ihn dir vorstellen." Und so ist es auch geschehen. Valentino stimmte mich vor dem ersten Treffen auf Ferruccio ein, meinte, er sei ein sehr netter Mensch. Und das war er dann auch – er nannte mich immer nur „Armino". Unsere Fahrt führte uns nach Umbrien, in die Region Perugia. Ganz in der Nähe des Trasimeno-Sees. Dort lag auch Lamborghinis Sportboot vor Anker. In der Gemeinde Panicale, wenige Kilometer vom See entfernt, besaß Ferruccio ein größeres Anwesen mit Schwimmbad, Tennis- und Golfplatz.

Ferruccio begrüßte uns sehr herzlich und machte gleich den Vorschlag, zusammen essen zu gehen. Zwei Freunde würden noch mitkommen, und wir würden mit seinem Boot zu einem Restaurant auf die andere Seite des Trasimeno-Sees fahren. Insgesamt waren wir also fünf Personen. Am See angekommen haben wir erstmal zwölf Kisten diverser Lamborghini-Rotweine aus Ferruccios Auto ins Riva-Boot umgeladen. Mit der kostbaren Fracht und uns Gästen an Bord ging es dann los. Ferruccio startete die beiden Countach-V12-Motoren des Bootes. Übrigens war es das einzige Riva-Boot, registriert unter der Rumpf-Nr. 278, das mit zwei Lamborghini-Motoren ausgerüstet war. Der Motorraum wurde dafür extra an die Motoren angepasst sowie ein spezieller offener Auspuff angebaut. Ganz nach Ferruccios Vorstellungen. Abseits des Ufers gab er dann Vollgas. Freudestrahlend stand er hinter dem Steuerrad, und wir peitschten mit schätzungsweise 120 km/h quer über den Trasimeno-See. Ferruccio hatte dabei einen Riesenspaß und fühlte sich offensichtlich sehr wohl. Uns Gästen war es etwas mulmig, und wir krallten uns krampfhaft an den Chromstangen des Luxusbootes fest. Jede Welle brachte das Riva-Boot vom Typ „Aquarama" kurz zum Abheben, ehe es wieder kurz und hart auf dem Wasser aufsetzte. Es waren richtige Schläge. Ein wahrer Höllenritt. Der war aber offenbar ganz nach dem Geschmack unseres Kapitäns. Für uns war es ein ganz neues und ein sehr intensives Erlebnis. Erleichtert auf der anderen Seite des Sees angekommen, hatten wir alle weiche Knie.

Anschließend sind wir, wie geplant, in ein Restaurant direkt am See zum Essen gegangen. Dort gab es für uns alle sofort von dem mitgebrachten Rotwein zu trinken, und uns wurde gleich ganz heiß im Kopf. Wir waren noch wackelig auf den Beinen, und der Rotwein tat das Übrige. Ferruccio belieferte übrigens mit seinen selbst hergestellten Rotweinen verschiedene Restaurants in der Gegend um den Trasimeno-See. Da Ferruccio nur Italienisch sprach, übersetzte uns Valentino beim Essen auf Englisch. Wir hatten alle viel Spaß am Tisch und waren begeistert vom hervorragenden Essen.

Nach dem Essen ging es mit der Jacht, die er 20 Jahre lang besaß und dann an einen engen Freund verkaufte, wieder zurück zu seinem Anwesen. Wieder beim Domizil angekommen, kam Ferruccio auf die Idee, ein Traktoren-Wettrennen zu veranstalten. Da standen einige Lamborghini-Traktoren auf seinem Grundstück. Jeder von uns setzte sich auf einen Traktor, mit denen wir anschließend über Straßen und Felder der Gegend fuhren. Ferruccio beherrschte seinen Trecker am besten. Ob er nun frisiert war oder nicht, er gewann jedenfalls unser kleines Rennen.

Das nächste Mal habe ich Ferruccio in Bologna getroffen, wo er seinen eigentlichen Wohnsitz hatte. Übrigens besaß er unter anderem auch noch einen Bungalow direkt an der Adriaküste in der Via Marradi in Lido di Savio. Zu diesem Domizil fuhr er meist mit einem seiner Lamborghinis, sofern er es nicht vorzog, in den Familien-Fiat zu steigen. In Bologna jedenfalls sind wir wieder zusammen essen gewesen. Im Restaurant gab es warmes Kalbfleisch in einer Senf-Kaviar-Sauce. Dazu nur einen kleinen Salat. Mehr nicht. Es schmeckte wunderbar. Nach dem Essen kam Ferruccio auf die Idee, mit mir in seinem gepanzerten Citroën DS in die Innenstadt von Bologna zu fahren. Die dortige Fußgängerzone war mit Betonpollern für Autos gesperrt. Es machte ihm nun eine diebische Freude, die Poller mit dem Panzerwagen umzufahren. Ferruccio freute sich bei jedem Schlag. Wenn ein Poller abknickte, jubelte er wie ein kleines Kind.

Ein anderes Mal, als ich bei ihm gewesen bin, drehte der US-amerikanische Sender CNN gerade eine Dokumenta-

tion über ihn. Sie filmten Ferruccio, wie er in seinem Countach mit weit über 200 km/h auf den engen Landstraßen der Emilia-Romagna fuhr. Unglaublich!

Gleich zu Beginn hinterließ Ferruccio bei mir sofort einen sehr sympathischen ersten Eindruck. Er war offen, zugänglich und sehr begeisterungsfähig. Wir haben uns auf Anhieb prima verstanden; wir waren gleich ein Herz und eine Seele. Ihm gefiel es außerdem sehr, als er erfuhr, dass ich einer der Mitbegründer des International Lamborghini Owners Club war. Jahre später hatten wir ein Lamborghini-Clubtreffen am Bodensee im Steigenberger Hotel mit rund 100 Fahrzeugen, zu dem auch Ferruccio sein Kommen zusagte. Er war begeistert von der Menge seiner Autos, die er dort sah, und die Clubmitglieder ließen sich alles Mögliche von ihm signieren: Betriebsanleitungen, die Motorhauben und so weiter. Liebenswürdig und nett, wie Ferruccio war, erfüllte er alle Wünsche.

Ferruccio war eben ein wenig bäuerlich im Umgang, dafür aber sehr nett. Die Öffentlichkeit war nicht so seine Sache, dort wirkte er meines Erachtens wenig souverän. Dafür war er stets authentisch und liebenswürdig. Er gab sich beispielsweise auf einer Pressekonferenz nicht anders als im eigenen Wohnzimmer.

Ferruccio besaß die Gabe, die richtigen Leute zu holen und die wichtigsten Stellen im eigenen Unternehmen mit ihnen zu besetzen, um seine Ideen und Vorhaben entsprechend umsetzen zu können. So hatte er stets talentierte und sehr gute Mitarbeiter um sich herum, wie beispielsweise Giotto Bizzarrini, den er beauftragte, einen kraftvollen V12-Motor zu entwerfen. Und er war ein Mann mit vielen Ideen – ein großer Visionär: Ferruccio Lamborghini war es, der mit dem 4000 GT Flying Star II die Idee zum ersten sogenannten „Shooting Break" hatte und mit dem Cheetah, dem Vorläufer des späteren Lamborghini LM002, auch den ersten „SUV" konzipierte. Der Marzal, ein viersitziges Concept-Car, hatte zwei große, komplett verglaste Türen, die nach oben zu öffnen waren. Der Countach hingegen war das erste Auto mit Scherentüren. Und der Prototyp Lamborghini Bravo war ein Auto ohne Scheibenwischer – mit einer Pressluftleiste wurde der Regen weggeblasen.

Die Firma Lamborghini war als Kunde ein langjähriger Geschäftspartner von uns. Wir lieferten exklusives Reisegepäck für verschiedene Countach-Modelle. In den Geschäftsbeziehungen gab es keinerlei Probleme, weder hinsichtlich der Zahlungen noch in puncto Zuverlässigkeit. In der Verwaltung des Werkes arbeitete eine Dame, die Ingrid hieß, das war ein großes Glück für uns. Sie war ihr ganzes Leben lang dort beschäftigt. Signora Ingrid, wie sie von allen genannt wurde, war schätzungsweise um die 50 Jahre alt und erledigte alle administrativen Tätigkeiten für Ferruccio Lamborghini und auch für die späteren Eigentümer. Sie wusste alles, war sehr nett und hat meine Anliegen immer ordentlich erledigt. Sie sprach sehr gut Deutsch, und wir haben uns oft über viele Dinge des Lebens unterhalten. Überhaupt, bei Lamborghini bin ich herumgelaufen, als wäre es meine eigene Firma. Das muss man sich ein-

mal vorstellen! In den Fertigungshallen, wenn ich an den gelben Markierungslinien auf dem Boden entlanggelaufen bin, haben die Mitarbeiter gerufen: „Ah, Signor Juhl!" Das war alles schon unglaublich. Sie hatten mich alle gern, das war schon verrückt! Ich hatte einmal als Weihnachtsgeschenk 300 Jéroboam-Flaschen Wein an die gesamte Belegschaft verteilen lassen.

Ferruccios Sohn Tonino war nicht so smart wie sein Vater. Nicht so clever, wie er ihn gerne gehabt hätte. Das muss man leider sagen. Ferruccio war der Motor, er war der Mann, die treibende Kraft, das hat man gespürt. Er war ein Mann der Tat und ein begeisterungsfähiger Typ, sehr zufrieden mit sich selbst. Er hatte später als großes Hobby den eigenen Weinanbau und wollte sich einfach mit netten Personen umgeben und ebensolche kennenlernen. Leider starb er ganz überraschend und relativ schnell. Zu seiner Beerdigung kamen viele Lamborghinis. Sein Begräbnis war schon sehr bewegend für mich, muss ich sagen.«

Bereits zwei Jahre nach dem Verkauf der ersten Lamborghinis hat sich die Marke einen beneidenswert guten Ruf erworben und stellt eine echte Gefahr für die Konkurrenten Maserati und Ferrari dar. Hochleistung, Glamour und atemberaubendes Design sind fortan Konstanten, die untrennbar zu der Marke mit dem Stierwappen gehören. Lamborghini versucht, sich mit den Erträgen aus seinen diversen Geschäftsfeldern einen weiteren großen Traum zu erfüllen: den Bau von Hubschraubern. Für dieses Vorhaben versagt ihm allerdings die italienische Regierung die Genehmigung. Er bekommt keine Lizenz.

Der Miura entsteht auf Initiative von Bob Wallace, Paolo Stanzani und Gian Paolo Dallara, sie alle kommen vom Rennsport und wollen Ferruccio durch dieses Auto ebenfalls dahin bringen. Dies lehnt Ferruccio aber kategorisch ab. Ihm wird nachgesagt, dass er niemals dem „Sirenengesang der Rennmotoren“ nachgeben würde. Obwohl die Faszination der Piste mehr für das Image eines Autoproduzenten tun konnte als etwa ein gelungenes Modell. Als ihm seine Ingenieure Dallara und Stanzani sowie der neuseeländische Testfahrer Wallace den Prototypen des P400 präsentieren, sagt er nur: *„Tut mir leid, Rennwagen sind nichts für mich. Aber seid nicht enttäuscht. Ihr habt ein unsterbliches Straßenauto geschaffen. Jetzt brauchen wir eine Karosserie von Bertone. Nuccio hat sie mir versprochen.“*

Weiter wird Lamborghini wie folgt zitiert: *„Das beste Rennauto der Welt zu bauen, heißt nicht viel. Man erinnert sich meist nur an die Namen der Fahrer. Man wird unvergesslich, wenn man das beste Straßenauto der Welt baut.“* Lamborghini wollte sich auf keinen Fall im Motorsport ruinieren: *„Kriege sollen die anderen führen. Ich will nur perfekte Autos liefern.“* Aber auch die Furcht, sein eigener Sohn Tonino könnte sich für den Motorsport begeistern und eines Tages verunglücken, könnte eine Rolle gespielt haben. Zudem fehlen Lamborghini nach 1971 auch einfach die finanziellen Mittel für ein Engagement im Rennsport. Dies ist ein grundsätzliches Unterscheidungsmerkmal zu Ferrari. Ferrari hatte seit Ende der 1960er-Jahre den Fiat-Konzern im Rücken. Ein solch finanzielles Rückgrat fehlt Lamborghini bis 1987, als Chrysler einsteigt. Ferruccio findet es besser, die knappen Ressourcen in die Entwicklung der Straßenautos zu investieren, anstatt sie im Rennsport zu verpulvern. *„Das kostet nur Geld und bringt nichts. Meine Autos sind so gut, die brauchen diese Werbung nicht!"*, zitiert ihn sein Testfahrer Valentino Balboni.

Seine Devise lautet, jedes Jahr auf dem Genfer Autosalon ein neues Modell zu präsentieren, was bis 1972 auch gelingt. Das bringt der kleinen Sportwagenfirma viel Anerkennung und Respekt ein. Ein Nachteil davon ist, dass oft nicht fertig entwickelte Autos an die Kundschaft verkauft werden. Dennoch werden Lamborghini die neuen Autos aus den Händen gerissen. Ein Leitspruch, der damals in der Fertigungshalle der Automobilschmiede hängt, lautet: *„Der nächste Fahrer ist der Kunde – tue alles, damit er zufrieden ist."*

Nun hat Ferruccio sein Ziel erreicht und der Welt den besten Sportwagen präsentiert. Nicht genug. Denn jetzt will er auch die beste Limousine der Welt, eine Art italienischen Rolls-Royce, realisieren. Da Lamborghini fünfmal so viele Käufer für den Miura findet, als erwartet, kann er sich diesem neuen Ziel auch finanziell unbeschwert widmen. 1968 wird das fertige Produkt vorgestellt: der Espada, benannt nach dem Degen der Matadore – und der schnellste Viersitzer der Welt. Das Auto ist nur knapp 118 Zentimeter hoch und über 1,80 Meter breit. Der Wagen stellt alle damaligen Frontmotor-Coupés in den Schatten. Ferruccio hat wieder einmal sein Ziel erreicht. Doch auch das genügt ihm noch nicht. Ferruccio Lamborghini will Ende der 1960er-Jahre den ultimativen Sportwagen bauen. Seine diesbezüglichen Vorstellungen erinnern den

Designer Nuccio Bertone an Flugzeuge und Raketen. Sowohl die Technik als auch das Design sollen alles Bisherige in den Schatten stellen. Mittlerweile sind Enzo Ferrari und Ferruccio Lamborghini erbitterte Konkurrenten.

Paolo Stanzani und Marcello Gandini arbeiten weiter an den Plänen und stellen 1971 den temperamentvollen Sportwagen Countach vor, der tatsächlich alle bis dahin erschienenen Sportwagen vorsintflutlich aussehen lässt. Der Countach ist *„willig"* und auch *„grob"*, insgesamt gesehen *„alles andere als eine feine Dame"*, erinnert sich ein Journalist, indem er dessen Vorgänger, den Miura, als ein weibliches Wesen ansieht. Der Miura ist knackig, macht stets eine glänzende Figur und lässt viele Einblicke zu, um bei dem femininen Vergleich zu bleiben. Es ist ein aufreizendes Spiel der Kurven und Linien, Wölbungen und Flächen. Doch egal ob Miura oder Countach, die Fahrer eines solchen Wagens haben, so sie selbst keine Zahnärzte sind, zweierlei mit diesen gemeinsam: Sie verdienen gut, und sie schauen in mehr offene Münder als andere Menschen. Und fahren beide Autos gemeinsam vor, so ist ein Volksauflauf garantiert.

Auch zum Lamborghini Countach gibt es eine schöne Anekdote: Der Countach LP 500 wird in allerletzter Minute für seine Weltpremiere beim Genfer Autosalon von 1971 fertiggestellt. Die Vorbereitungen dauern vor dem ersten Ausstellungstag angeblich bis spät in die Nacht hinein. Als der klotzige Keil in seinem neuen gelben Kleid aus der Lackierkabine bei Bertone in Grugliasco rollt, soll jemand bei seinem Anblick „Countach!" geschrien haben. Womöglich sogar Nuccio Bertone selbst. Das Wort *Countach* ist ein Ausdruck aus dem Piemonteser Dialekt, den man nur schlecht in eine andere Sprache übertragen kann. Selbst der hartgesottene Bob Wallace ziert sich und errötet fast, als man ihn um eine entsprechende Erklärung bittet. „*Ach, na ja, das kann vielerlei bedeuten. Das kommt immer darauf an, in welchem Zusammenhang man dieses Wort verwendet. Es kann unter Umständen eine echte Obszönität bedeuten, aber auch etwas wie ‚Oh, Du wunderschönes, sinnliches Etwas' oder auch, nun ja ...*" Also kurzum, der Ausruf „Countach!" entspricht in etwa dem, was einem heißblütigen Norditaliener beim Anblick einer besonders rassigen Signorina entfährt. Im heutigen Sprachgebrauch würde man Countach vielleicht mit „geil" übersetzen.

Anfang der 1970er-Jahre entsteht so die erste Version des Countach, der den Namen Lamborghini weltweit weiter zum Inbegriff des absoluten Sportwagens werden lässt. Mit dem Countach, der bis 1991 gebaut wird und ein Jahr zuvor vom Diablo abgelöst wird, hat sich Ferruccio Lamborghinis Traum erfüllt. Die Lamborghini-Modelle Miura, Espada und Countach werden zu weltweiten Erfolgen und zählen zu den mondänsten Erscheinungen des internationalen Automobilbaus.

Ein britischer Journalist urteilt in einem Artikel über die Fahrt in einem Lamborghini Countach folgendermaßen: „*... die äußerst günstig angebrachten Bedienelemente dieses Lamborghini, die Lenkung mit der blitzenden Schärfe eines frisch geschliffenen Rasiermessers, die kurzen Wege der gut zupackenden Kupplung und die Präzision des Gaspedals ...*" Mehr muss wohl nicht gesagt werden.

Vom ersten Tag seines Automobilabenteuers an engagiert sich Ferruccio Lamborghini persönlich sehr stark, daher ist es auch nicht verwunderlich, dass sein Enthusiasmus auf die Arbeiter in seinem Werk ansteckend wirkt. Ende der 1960er-Jahre flaut sein Enthusiasmus jedoch ganz allmählich ab. Er widmet sich nun parallel zum Autobau auch noch anderen Projekten und gründet eine weitere neue Fabrik für hydraulische Apparate. Wichtige Entscheidungen im Automobilwerk überlässt er jetzt immer öfter seinen Mitarbeitern. Schließlich ernennt er Paolo Stanzani zum Generaldirektor der Firma, was wiederum Gian Paolo Dallara 1968 dazu bewegt, die Automobilschmiede zu verlassen und beim Konkurrenten De Tomaso anzuheuern. Zu dieser Zeit ist Lamborghini auf dem Zenit seines Erfolgs. Es kann eigentlich nur schlechter werden. Und das wird es dann schließlich auch. Die Ära Ferruccio Lamborghini neigt sich im neuen Jahrzehnt langsam ihrem Ende entgegen. Den Sportwagenherstellern wird im Allgemeinen durch Arbeitskämpfe und Streiks, weltweit schwierige Wirtschaftsverhältnisse und die Ölkrise bald ein knallharter Überlebenskampf bevorstehen.

Im Jahr 1971 gerät Ferruccio Lamborghini in finanzielle Schwierigkeiten – der Anfang vom Ende der Epoche Lamborghini unter Ferruccio Lamborghini. Die Wahrheit hinter dem schönen Schein ist, dass die Firma, trotz seines Ehrgeizes und der großen Geldsummen, die er in sie steckt, letztlich finanziell nicht längerfristig erfolgreich ist. Der beliebte Lamborghini Espada sichert mit rund 1200 verkauften Exemplaren der Autofirma zu dieser Zeit das Überleben. Aufgrund politischer Unruhen wird ein Großauftrag der bolivianischen Regierung über 5000 Traktoren storniert. Die Machthaber haben gewechselt, und die neue Regierung ist nicht mehr an Traktoren interessiert. Ferruccio hat zu diesem Zeitpunkt jedoch schon

rruccio Lamborghini auf seinem umbrischen Weingut;
f dem Dach des Miura thront eine Magnumflasche seines selbst produzierten Rotweins.

INTERNATIONAL LAMBORGHINI OWNERS CLUB

MAGAZIN

1. Jahrgang
Nr. 1/1979

Erinnerung an Offenbach...
Der Gastgeber Armin Johl mit seinem Countach S anlässlich des ersten Treffens der Lamborghini-Eigner vom 17.-18. März 1979.

Magazin des International Lamborghini Owners Club aus dem Jahr 1979 mit Armin Johl auf dem Cover.

Ferruccio Lamborghini und Armin Johl in dem für Lamborghinis Sohn Tonino gebauten Kinderauto mit Motor (in Bologna).

Ferruccio Lamborghini und Armin Johl beim gemeinsamen Abendessen.

Armin Johl mit Ferruccio Lambo (am Steuer) auf seinem Riva-Bo (Trasimeno-See).

Ferruccio Lamborghini, Armin J und der Redakteur Fedeler (Auto Zeitung) in Umbrien.

Der damalige Lamborghini-Verkaufsleiter übergibt Armin Johl seinen fabrikneuen Lamborghini Countach 5000 S QV, links Sohn Benjamin.

Das Schild mit der Aufschrift „Spezialanfertigung für den Freund Armin Johl" auf dem Innenschweller des Autos.

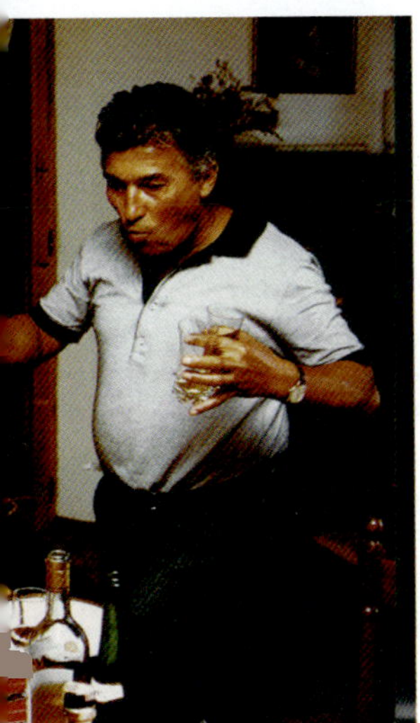

Preisverleihung beim Treffen des International Lamborghini Owners Club in Interlaken, ein Miura-Motor dient als passende Kulisse.

Auf dem Landgut in Umbrien: Ferruccio Lamborghini mit Armin Johl und der Freundin des Fotografen, im Vordergrund Armin Johls Miura, im Hintergrund Lamborghinis Riva-Boot.

In Enzo Ferraris Büro im Maranello-Werk:
Dr. Neumann, Johl, Löhrig (AvD), Ferrari (v. l. n. r.).

Piero Ferrari und Präsi
Piero Fusaro überreich
Armin Johl ein „Caval

Armin Johl vor dem Ristorante *Cavallino* in Maranello,
gegenüber vom Ferrari-Werk.

Armin Johl mit seinem Ferrari 288 GTO.

Armin Johls Ferrari F40 (Front- und Heckansicht).

Armin Johl poliert seinen Ferrari 365 GTB/4, im Hintergrund Sohn Benjamin mit Pferd.

Armin Johl mit seinem Ferrari 512 BB.

größere finanzielle Vorleistungen getätigt. Durch diese finanziellen Verpflichtungen ist bereits viel Geld gebunden, das wiederum fehlt, um laufende Ausgaben decken zu können. Ferner storniert ein südafrikanischer Importeur alle Aufträge. Dazu kommen vermehrte Arbeitsunruhen und Streiks, die die Produktion immer wieder stoppen und seine Unternehmen nachhaltig lähmen.

Darüber hinaus kommt es in der Automobilsparte generell zu etlichen Problemen. Zu jener Zeit wird die italienische Luxussteuer, die für Motoren mit mehr als zwei Liter Hubraum zu bezahlen ist, verabschiedet. Das führt bei Lamborghini zu Modellen wie dem Lamborghini Urraco P200 und bei Ferrari zum 208 GTB. In das neue Modellkonzept des kleinen Urraco, ebenfalls benannt nach einer Bullenrasse, werden hohe Entwicklungskosten gepumpt.

Die mittlerweile weltweit eingetretene Wirtschafts- und Ölkrise verschärft die Situation für die Sportwagenhersteller und tut somit noch ihr Übriges: Lamborghini gerät in finanzielle Schieflage. Valentino Balboni erinnert sich: *„Ferruccio rief uns alle zusammen und sagte: Ich bin erledigt, trage nur noch dieses Hemd am Leib!"* Ferruccio ist durch und durch Realist, und ihm ist klar, dass er die Autofabrik aufgeben und auch an anderen Stellen seines Firmenimperiums tiefe Einschnitte vornehmen muss. Aber auch ein Enzo Ferrari hat unter der allgemein ungünstigen Situation zu leiden. Allerdings hat dieser seit Ende der 1960er-Jahre Fiat im Rücken.

Als Lamborghini auf dem Höhepunkt der magischen Verschmelzung von Technik und Ästhetik ist, zudem das Vertrauen und die Gefolgschaft von Nuccio Bertone gewonnen hat – die Marke ist mittlerweile zum privilegierten Aushängeschild einer extravaganten Kunst geworden –, wirft Ferruccio das Handtuch. Man sagt aber auch, dass er das Feuer für seine Autos schon früher verloren hat, kein Wunder, denn mit dem Erscheinen des Miura, spätestens aber mit dem des Countach hatte Lamborghini sein Ziel längst erreicht. Seine von den Auswirkungen wirtschaftlicher Krisen angeschlagene Automarke gerät ins Abseits. Zudem zeigt auch Ferruccios Sohn Tonino kein Interesse am Automobilgeschäft und einer möglichen Weiterführung der *Lamborghini Automobili S.p.A.* *„Sein Sohn Tonino zeigt ja gar kein Interesse an der Firma. Das traf den alten Mann natürlich, aber er konnte nichts dagegen tun“*, wird Bob Wallace zitiert.

Doch es findet sich jemand, der weitermachen will und der Legende Lamborghini neues Leben einhauchen möchte. Am 1. Oktober 1971 wechseln 51 Prozent der *Automobili Ferruccio Lamborghini S.p.A.* den Besitzer. Später veröffentlichte Unterlagen belegen sogar, dass Lamborghini zu diesem Zeitpunkt bereits die komplette Firma an den Schweizer Geschäftsmann George-Henri Rosetti verkauft hat. Offiziell behält der Firmengründer allerdings noch die Minderheitsbeteiligung.

Ferruccio Lamborghini offeriert schließlich auch seine Traktorenfabrik, doch die Verkaufsverhandlungen schleppen sich hin. Der Traktorenbau wird letztlich an SAME verkauft – nach Fiat der größte Hersteller von Landwirtschaftsmaschinen und Traktoren. Lamborghini hingegen behält die *Lamborghi-*

ni Bruciatori und die *Lamborghini Oleodynamica*, seine jüngste Firmengründung von 1969, die sich mit der Herstellung von hydraulischen Ventilen beschäftigt. Sein Sohn Tonino wird Manager beider Firmen.

Im Jahr 1974 schließlich verkauft Ferruccio „offiziell" auch noch das übrige Aktienpaket von 49 Prozent an einen weiteren Schweizer, einen Industriellen und Autoliebhaber namens René Leimer. Der Käufer ist ein Freund Rosettis, jedoch eine wohl eher suspekte Gestalt. Rosetti hatte Lamborghini René Leimer vorgestellt. Ferruccio erinnert sich: *„Ich bin nicht mehr sicher, welcher von beiden es war, auf jeden Fall hat einer von beiden mit einem Countach nachts mit Standlicht bei 240 km/h einen Citroën 2CV plattgefahren. Beide Personen in der Ente verstarben, der Countach war vorne nur leicht eingedrückt. Ich kann mich erinnern, dass ich ein Bild in der Tageszeitung Blick davon gesehen habe, ich denke, das muss um 1979 gewesen sein."*

Die *Lamborghini S.p.A.* ist nun zu 100 Prozent in Schweizer Besitz, und für Ferruccio ist das Kapitel Autogeschäft abgeschlossen. Nach genau zehn Jahren verlässt Lamborghini jene Stätte, die zur extravagantesten Herausforderung der zeitgenössischen Automobilindustrie geworden ist.

Ferruccio Lamborghini zieht sich aus der industriellen Welt auf sein 30 Hektar großes Anwesen *La Fiorita* am Trasimeno-See zurück. Dieses Gut hat er bereits in früheren Jahren aus reiner Liebhaberei erworben. Tennisplätze sowie ein Schwimmbad mit olympischen Maßen und ein eigener 9-Loch-Golfplatz, den Ferruccio selbst entworfen hat, gehören ebenfalls zum Anwesen. Er kehrt nun zurück zu seinen bäuerlichen Wurzeln und verfolgt seine Hobbys und privaten Interessen, verwaltet von dort aber auch weiterhin seine Geschäftsinteressen. *„Er wollte ein neues, einfaches Leben führen, zurückgezogen und ohne Stress"*, wird ein enger Freund zitiert.

Fortan widmet sich Ferruccio insbesondere seiner ganz speziellen Leidenschaft, dem Weinbau. Lamborghini erfreut sich an der Produktion seiner eigenen Weine. Und auch bei der Weinherstellung erreicht er Spitzenleistungen. Seine Rotweine *Colli del Trasimeno* und auch der *Sangue di Miura* (Blut des Miura) werden sehr bekannt. Seinen Rebensäften bleibt zwar die offizielle Anerkennung als DOC-Wein verwehrt, da sie als „untypisch hergestellte Weine" klassifiziert werden. Dennoch haben die als sogenannte „Landweine" verkauften Produkte eine außergewöhnliche Qualität und liegen im Hochpreissegment.

Lamborghini will nicht mehr viel vom Automobilbau wissen, wobei er den Kontakt nie vollständig abreißen lässt und stets ein gern gesehener Besucher im Automobilwerk bleibt. Im Jahr 1975 steigen Paolo Stanzani und Bob Wallace aus persönlichen Gründen bei Lamborghini aus.

Im Sommer 1976 besucht ein amerikanischer Automobiljournalist die Lamborghini-Fabrik in Sant'Agata und findet es dort *„deprimierend still"*. Er führt weiter aus: *„Wie die anderen italienischen Hersteller von Supersportwagen hat die Energiekrise auch dieses kleine, aber hochmoderne Werk in Sant'Agata übel getroffen. Die Produktionsbänder, an denen es ohnehin nie so geschäftig zuging wie in Detroit, fahren heute weit unter Kapazität und man sieht nur eine Handvoll Urraco hier, einige Espada* *dort und viel leeren Raum. Es gibt aber einen Lichtblick, wenn auch nur einen kleinen: Lamborghini musste die Countach-Produktion erhöhen und während ich das Werk besuchte, sah ich sechs Stück dieser Supersportwagen in verschiedenen Phasen der Entstehung, und die Handwerker klopften äußerst vorsichtig die Aluminium-Karosseriepaneele zurecht. Nicht jegliche Aktivität bei Lamborghini findet aber in der Produktion statt, und man hegt den Verdacht, dass viele der Leute, die man hier vermisst, anderswo sind und an dem geheimnisumwitterten BMW-Projekt arbeiten, und die Entwickler schwärmen von ihrem weit weniger geheimen jüngsten Modell, dem Silhouette. Und sie arbeiten an den US-Versionen des Dreiliter-Urraco und des Silhouette. Wenn alles gut geht, werden die beiden Modelle die Zulassungstests durchlaufen, wenn dieses Heft in Druck geht. Und Wunder aller Wunder, auch der Countach wird US-tauglich gemacht und sollte ab dem letzten Quartal 1976 in Nordamerika käuflich zu erwerben sein.*

Derzeit befindet sich die Firma inmitten einer Phase der Neuorganisation und es gibt neue Namen im Management, seit Lamborghini in Schweizer Besitz ist. Commendatore Lamborghini ist ab und zu noch im Werk und ich konnte bei meinem Besuch einen Blick auf ihn erhaschen. Das neue Management rüstet sich, in großem Stil Entwicklungsaufträge für Dritte zu übernehmen, was Lamborghini zu einer Art Porsche Italiens werden lässt. Anders als bei Porsche will sich Lamborghini dabei aber strikt auf Autos beschränken, während Porsche von Planierraupen bis hin zu Panzern alles Mögliche entwickelt. Konkrete Details gibt es noch nicht, aber das Konzept klingt gut. Es scheint gewiss zu sein, dass die Spezialisten aus Modena mit der Produktion von Supersportwagen nie wieder die Stückzahlen von vor der Ölkri-

se erreichen können, und bis man neue Wege findet, die reichen Kunden der Welt anzulocken, ist es nur sinnvoll, das gewaltige vorhandene Talent und Know-how anderen verfügbar zu machen und sich mit den interessanteren Projekten mondänerer Autofirmen abzugeben."

Die Schweizer Rosetti und Leimer haben offensichtlich keine Erfahrung damit, wie man eine Automobilfirma leitet, und zudem sind sie nicht bereit, die nötigen Investitionen zu tätigen, um Lamborghini wieder flottzumachen. Das Ende scheint unausweichlich. Schließlich ist jedoch Zoltan Reti, ein Amerikaner, bereit, eine größere Summe gegen die Übereignung der Bilanz-Aktiva vorzuschießen. Als ihm klar wird, dass er sein Geld nicht wiedersehen wird, erzwingt er vor Gericht ein Liquidationsverfahren.

Die Werksleitung bittet um staatliche Hilfe. Das Werk wird am 1. August 1978 unter staatliche Aufsicht gestellt. Das Gericht setzt Dr. Alessandro Artese als treuhänderischen Verwalter mit umfassenden Geschäftsführungsvollmachten bei Lamborghini ein. Dieser holt sich den ehemaligen Maserati-Cheftechniker Giulio Alfieri zur Unterstützung. Gemeinsam halten sie die Firma am Laufen, während nach einem neuen Käufer gesucht wird. Auch Ferruccio Lamborghini wird kontaktiert, aber er lehnt aufgrund mittlerweile mangelnder Kräfte eine erneute Übernahme seiner alten Fabrik ab. In die Geschicke der von ihm gegründeten Firma wird er nie wieder eingreifen.

Hinter dem Werk lag seinerzeit der „Lamborghini-Friedhof".
Auf einem freien Feld, dass sich einige Hundert Meter bis zu

einem Grenzzaun erstreckt, sah man in den kritischen Jahren der Firma alles Mögliche herumliegen: verunglückte Espadas, Prototypen-Karosserien des Urraco ohne Motor, halb zerstörte Countachs und viel zerbeultes Blech. Auch Wagen, die bereits einen Namen hatten, waren hier zu finden, beispielsweise der erste Lamborghini, der 350 GTV, sowie der Urraco Rallye. Später wurden alle diese Trümmer wieder in einem Gebäude zusammengeflickt. Es wurde gerettet, was zu retten war.

Der ehemalige Rennfahrer und deutsche Lamborghini-Importeur Hubert Hahne plant schließlich zusammen mit dem Finanzier Raymond Neumann, die Lamborghini-Anteile zu übernehmen. Die deutsche Werksleitung bleibt aber nur ein Intermezzo, denn das Handelsgericht von Bologna verwirft die von Hahne und Neumann erhoffte Lösung. Im Übrigen stellt sich schnell heraus, dass die Deutschen weniger an Lamborghini als an ihrem eigenen finanziellen Wohlergehen interessiert sind. Sie verkaufen den Firmennamen an Hersteller von Skiern, Parfums und Fahrrädern. Anfang 1980 entzieht ihnen der italienische Staat die Geschäftsführung.

Das Jahr 1980 steht im Zeichen des Neubeginns. Im Februar übernehmen die Mimran-Brüder Patrick und Jean Claude die Firma und gründen die *Nuova Automobili Ferruccio Lamborghini S.p.A.* Unter den neuen Besitzern geht es wieder aufwärts. Der Countach wird verbessert, und der Jalpa – auch er nach einer Bullenrasse benannt – löst das glücklose Modell Silhouette ab. Lamborghini ist wieder auf dem rechten Weg, und dank der neuen Geschäftsleitung trägt die Sanierung ihre Früchte – die Produktion steigt wieder an. In den kommenden Jahren stellt Patrick Mimran Lamborghinis guten Ruf wieder her. Mitte der 1980er-Jahre gelangen die Brüder allerdings zur Einsicht, dass die Kosten für die Entwicklung neuer Modelle zu hoch sind, und suchen einen neuen Käufer. Die *Nuova Automobili Lamborghini S.p.A.* wird 1987 von Chrysler übernommen. Der Kauf von Lamborghini soll dem amerikanischen Automobilkonzern Prestige und mehr internationales Ansehen bringen. Das Chrysler-Angebot, in der Firma in einer Ehrenposition tätig zu sein, lehnt Ferruccio Lamborghini ab.

Das wichtigste Ereignis in der Chrysler-Ära ist die Entwicklung und der Serienstart des neuen Modells Diablo. Doch Chrysler gerät später selbst ins Trudeln, als der Absatz einbricht. Es bleibt kein Geld für irgendwelche Lamborghini-Eskapaden, und so beginnen 1993 Verhandlungen mit neuen Interessenten. Ein Dreierkonsortium namens *Megatech*, eine Holding mit Sitz auf den Bermudas, übernimmt Anfang 1994 von Chrysler 80 Prozent der Anteile. Die restlichen 20 Prozent gehen an zwei weitere Firmen. Der Sohn des indonesischen Generals Suharto, seinerzeit Staatspräsident des südostasiatischen Landes, wird neuer Lamborghini-Präsident und ebenso schnell wieder abgelöst.

Irgendwann schließlich fragen Lamborghini-Ingenieure bei Audi an, ob deren V8-Motor für weitere geplante Entwicklungen verwendet werden könne. Dabei erfährt der Volkswagenkonzern, dass Lamborghini unter Umständen zum Verkauf anstünde. Am 24. Juli 1998 wird Lamborghini schließlich von Audi übernommen. Ferdinand Piëch gliedert die Sportwagenschmiede in den Volkswagenkonzern ein. Seitdem operiert Lamborghini unter der Leitung der Ingolstädter, die viel Geld investieren und der italienischen Firma wieder Stabilität geben. Neue Modelle werden entwickelt, was der Firma wieder zu wirtschaftlicher Gesundheit verhilft.

Der Unternehmer Ferruccio Lamborghini zählt heute zu den bedeutendsten Konstrukteuren der italienischen Automobilgeschichte und zu den Pionieren der italienischen Nachkriegswirtschaft. Aus einer Werkstatt für Landmaschinen machte Lamborghini eine der edelsten Sportwagenschmieden der Welt - die *Automobili Lamborghini S.p.A.* Ferruccio ist dabei immer ein unkomplizierter und leutseliger Mensch geblieben. Tag für Tag kam er für einige Stunden in seine Sportwagenfabrik. Es heißt, dass er sich dafür täglich die Zeit zwischen 10 und 13 Uhr reserviert hat. Dort nahm er das Mittagessen im Kreise seiner Arbeiter ein. Lamborghini verstand es, seine Leute zu motivieren, und besaß das Geschick, bei kreativen Menschen Enthusiasmus und Energien zu wecken, sowie die seltene Gabe und Bereitschaft, hinter diesen zurückzustehen. Er besaß die außergewöhnliche Fähigkeit, Positionen mit den richtigen Leuten zu besetzen und ihnen entsprechende Freiheiten zu lassen. Er war Motivator und geistiger Führer - die Entwicklung und Realisierung überließ er seinen Leuten. In langen Nächten entstanden so in der Konstruktionsabteilung Dinge, die nicht nur Enzo Ferrari, sondern auch Autoliebhabern in aller Welt schlaflose Nächte bereiten.

Was viele nicht wissen: Weder der Miura noch der Espada ist Ferruccios Lieblingsauto. Der Miura bietet ihm nicht genügend Komfort, der Espada ist ihm zu groß, wenn er oft allein fährt. Ferruccio will zeitlebens den perfekten GT bauen. Sein

Liebling ist der Jarama, der sich auf eine namhafte spanische Stierkampfregion bezieht. Ein eher unspektakulärer Lamborghini, der nur niedrige Produktionszahlen erreicht. Etwas trotzig fährt er nur noch dieses Model. *„Sicher, das Styling hätte in seinen Augen besser sein können, aber er hat das Modell wirklich gemocht"*, bestätigt Valentino. Der Jarama bietet einen guten Kompromiss und ist das ideale Reiseauto für längere Strecken.

Nach zahlreichen internationalen Ehrungen verstirbt Ferruccio Lamborghini am 20. Februar 1993 im Alter von 76 Jahren im Silvestrini Hospital in Perugia. Vorausgegangen war zwei Wochen zuvor ein Herzinfarkt. Die große Garage im Himmel hat den Vater von einigen ihrer besten Stücke zu sich gerufen. Ferruccio Lamborghini hat es vom Sohn kleiner Bauern zu einer der größten italienischen Unternehmerpersönlichkeiten des 20. Jahrhunderts gebracht. Für seine Verdienste um die Arbeitnehmerschaft wurde er zum *Commendatore* ernannt, und auch zum „Ritter der Arbeit", zum *Cavaliere del Lavoro*, dem höchsten staatlichen Orden Italiens für besondere Verdienste um die italienische Wirtschaft.

Sein Sohn Tonino spricht zum Tod seines Vaters die folgenden Worte: *„Auf dem Dorf leben Menschen, die gemeinsam arbeiten, leiden, genießen, produzieren, gewinnen und verlieren; mit einem Wort einfach leben und ihr Leben mit anderen teilen. So herrscht auf dem Dorf eine Wirtschaft, die alle direkt oder indirekt mit einbezieht. Ich finde, mein Vater hatte viel mit diesem Bild gemeinsam. Er war wie ein reges Dorf, mit vielen erinnerungswerten Dingen. In seiner Umgebung gab es viele Freunde und viele magnetische Energien."*

Tonino, der Kleidung und Accessoires unter der Marke Tonino Lamborghini entwirft, richtet in Dosso dei Cento, in der Region Ferrara, dem Stammland der Lamborghinis, ein Museum ein, das er seinem Vater widmet. Das sogenannte *Centro Studi e Ricerche Ferruccio Lamborghini* ist mittlerweile nach Argelato umgezogen und heißt heute *Ferruccio-Lamborghini-Museum*. Es beinhaltet neben vielen privaten Gegenständen unter anderem die restlichen Lamborghinis aus Ferruccios privater Sammlung. Seine Tochter Patrizia Lamborghini leitet das umbrische Weingut ihres Vaters in Borgo Panicale.

In der Geschichte der *Lamborghini Automobili* gibt es zwar viele Triumphe, aber auch einige Niederlagen. Auf jeden Fall sind aber diese Autos aus der Reihe der fortschrittlichsten, aufsehenerregendsten und schnellsten Wagen der Welt nicht mehr wegzudenken. Ihr legendärer Ruf beruht auf ihrem atemberaubenden Styling ebenso wie auf dem unvergleichlichen Bemühen um eine immer höhere Spitzengeschwindigkeit.

Wie es Ferruccio Lamborghinis letzte Anordnung war, wird sein Sarg auf einem hölzernen Leiterwagen von einem Lamborghini-Traktor aus den 1950er-Jahren zum Friedhof in Renazzo gezogen, wo er seine letzte Ruhe findet. An dessen Eingang haben bereits der 350 GTV sowie ein Miura, ein Espada und ein Countach Stellung bezogen. Man hat eben Stil in Italien ...

Nun ist Ferruccio Lamborghini oben bei seinen Autos und wird vermutlich auch wieder Enzo Ferrari treffen. Ob der nun endlich bereit ist, in seine Autos eine stärkere Kupplung einzubauen?

2

FERRARI

PIONIER UND GRAUE EMINENZ – DER PAPST DES NORDENS

»Bei meiner Arbeit lausche ich der harmonischen Stimme der geformten Materie, die mir wie ein aufkeimendes Leben erscheint, und ich beginne, das Geheimnis der Seele zu ergründen. Doch meine Seele ist für mich immer ein großes Rätsel geblieben.«

Enzo Ferrari

Die Ferrari-Legende entzieht sich, wie es überhaupt in der Natur von Legenden liegt, teilweise der Erklärung. Sie ist umgeben vom Rätselhaften und vom Zauber. Heldentum und Zielstrebigkeit spielen ebenso eine Rolle wie gezielte Fehlinformationen, Selbstüberschätzung und technisch-kommerzielle Entscheidungen, die schlicht unverständlich sind. Enzo Ferrari ist schon zu Lebzeiten eine Legende und trägt dazu durchaus gerne selbst bei, indem er die Realität etwas retuschiert, sodass die Geschichte verschwimmt.

Alle Diskussionen darüber sind jedoch fruchtlos, vor allem für Ferrari-Liebhaber, für die diese unscharfen Erinnerungen die Faszination der Marke noch steigern. Und alle geschichtlichen Unklarheiten und Analysen verlieren ohnehin an Bedeutung, ertönt nach dem Umdrehen des Zündschlüssels der Klang eines Ferrari-Motors. Dieser südländische, trompetenhafte Belcanto weckt Emotionen, wirkt oft angeberisch, erregt immer Aufsehen und provoziert Menschenaufläufe. Ferraris ziehen mit ihrer italienischen Ausstrahlung die Blicke auf sich und entlocken selbst etwas unterkühlten Zeitgenossen Regungen.

Selten ist die Geschichte einer Firma so eng mit dem Leben ihres Gründers verbunden. Alle technischen und kaufmännischen Entscheidungen sind von Enzo Ferraris Willen geleitet und geprägt. Ihn zeichnet, wie auch Ferruccio Lamborghini, die seltene Fähigkeit aus, für seine Firma die bestmöglichen Mitarbeiter zu verpflichten und ihnen seine Absichten und Kenntnisse bis ins Detail zu vermitteln. Er ist ein sehr kompetenter und kreativer Unternehmenslenker, der die Gabe besitzt, die richtigen Leute am richtigen Ort einzusetzen und sie entsprechend zu motivieren. Dem Superlativ – als Maß aller Dinge – stets verpflichtet.

Ferrari ist ein imposanter Mann und mit seinen rund 1,80 Metern Körpergröße oftmals einen halben Kopf größer als seine schmächtigen und beinahe zart gebauten Rennfahrer. Er bewegt sich mit der herrischen Ungezwungenheit des erfolgreichen Italieners: das ausgeprägte Kinn vorgereckt, die Brust gewölbt, die Arme ausgebreitet, die großen Hände flach nach oben geöffnet. Sein straff nach hinten gekämmtes weißes Haar, die gebieterische römische Nase und der graubraune Anzug sind seine wohlbekannten Markenzeichen. Seit seinen frühen Jahren bei Alfa Romeo wird er auch gerne *„il drago“* (der Drache) genannt. Später auch *„il commendatore“* – übrigens ein Titel, den er unter dem italienischen Diktator Mussolini verliehen bekam. Enzo ist eine Mischung aus Arroganz, Sentimentalität und Hartnäckigkeit. Nicht zuletzt besitzt er eine gewisse geheimnisvolle Aura, die er ganz offen kultiviert. Und er besitzt eine gewisse Sturheit, über die er selbst sagt: *„Ich habe noch niemanden kennengelernt, der so stur ist wie ich selbst. Ich bin von einer Leidenschaft getrieben, die mir keine Zeit lässt, um nachzudenken oder irgendwas anderes. Ich habe in der Tat kein Interesse an einem Leben außerhalb von Rennwagen.“* Er sieht sich gerne als den perfekten Individualisten. Sein Ehrgeiz ist groß, sein Ruf als Automobilbauer und Rennsportriese verleiht ihm über die Jahrzehnte einen geradezu aristokratischen Nimbus.

Enzo Ferraris Kunst, im Hintergrund die Fäden zu ziehen, Politik aus seiner Abgeschiedenheit in Maranello heraus zu betreiben, Intrigen fast immer zu seinem Nutzen zu drehen, die Medien ständig auf Trab zu halten, ohne dass ihre Vertreter seiner ansichtig werden, macht ihn schon zu Lebzeiten zu einer Legende. Die Aura, die ihn umgibt, ist eine faszinierende Mischung aus Sympathie und Antipathie. Seine Persönlichkeit ist nicht schillernd oder zwielichtig, aber vielschichtig und komplex – bis hin zur Synthese des scheinbar Unvereinbaren. Enzo Ferrari ist ein Mann der Tat. Ihm ist wie vielen kreativen Menschen der fatalistische Grundzug der Melancholie eigen. *„Ich fühle mich verloren, preisgegeben an die Willkür des Schicksals“*, klagte er einst mit italienischem Hang zum Pathos. Gegenüber ehrlichen Mitarbeitern ist Enzo Ferrari loyal, jedenfalls solange sie in den Diensten der Firma stehen. Als Niki Lauda 1977 seinen Rennstall verlässt, nennt er ihn öffentlich einen Judas. Doch bei einem zufälligen Treffen einige Jahre später umarmte er ihn wie einen verlorenen Sohn. Auf Ferrari angesprochen, äußerte sich Niki Lauda damals wie folgt: *„Enzo Ferrari? Ein altertümliches Standbild mit eisernen Prinzipien. Man musste ihn nehmen, wie er war – sonst hätte man es keinen Moment in seinem Betrieb ausgehalten.“*

Bis auf einige Stippvisiten in Monza bleibt Ferrari allen Formel-1-Rennen fern. Nicht aus Distanz, sondern im Gegenteil, weil für ihn seine Autos leben und weil er ihren Fahrern in Liebe oder Hass zugetan ist. Wen er liebt, dem verzeiht er viel. Beispielsweise dem tollkühnen Kanadier Gilles Villeneuve: Beinahe zärtlich nennt er ihn seinen *„Prinzen der Zerstörung“*, da dieser viele seiner Boliden zu Schrott fährt. Ferrari beobachtet die Menschen lange, um herauszufinden, ob sie für seine Pläne taugen oder nicht. Schwächen und Eitelkeiten anderer durchschaut er scheinbar wie auf einem Röntgenschirm. Er gilt als Entdecker von Talenten, Ideengeber und als nie versiegende Energiequelle.

Enzo Ferrari ist ständig um die Weiterentwicklung seiner Modelle sowie um absolute Perfektion bemüht. Eine Tatsache, die sich auch in seinen Fahrzeugen widerspiegelt. Anspruchsvoll mit seiner Umgebung und noch strenger mit sich selbst. Mit einer peniblen Sorgfalt ist er darum bemüht, dass seine Autos eine gleichbleibende Qualität besitzen, um immer an der Spitze der Pyramide des internationalen Sportwagenbaus zu stehen. Gioacchino Colombo, damaliger italienischer Motorenpapst, stellte fest: *„Meine Rolle als führender Fachmann bestand darin, die Projekte, die mir vorgelegt wurden, mit Leben zu erfüllen, und dabei, im Rahmen meiner technischen Fähigkeiten, das Beste von mir zu geben. Ferrari ließ den Projektingenieuren volle Freiheit, behielt sich aber immer den letzten Entschluss vor."*

Ferrari, das ist auch die Kombination von exzellenter, kompromissloser Technik mit überragender Leistungsausbeute und unvergleichlichem Styling. Das zeichnet jeden Ferrari aus. Hinter all dem steht ein begnadeter, gelegentlich etwas temperamentvoller Mann mit einem sehr eigenen Charakter. Ein Journalist beschreibt ihn als *„ein gestandenes Mannsbild, groß gewachsen, kräftig, dynamisch und vital. Mit einer Toga und einem Lorbeerkranz gäbe er einen überzeugenden römischen Senator ab ... oder einen Cäsar."* Seine Würde und seine Autorität stehen jederzeit völlig außer Frage.

Niki Lauda fasst seine Eindrücke und die Bedeutung des Hauses Ferrari für ihn wie folgt zusammen: *„Es ist sicher nicht übertrieben zu sagen, dass Ferrari eine große Rolle in meinem Leben gespielt hat, nicht nur, was die Rennfahrerei betrifft. Als ich nach Maranello kam, war ich noch sehr jung, nicht einmal 25. Ich war immer immun gegen Legenden und Traditionen und hatte mich* *ganz auf meine Fähigkeiten als Rennfahrer konzentriert und darauf, Sponsoren, Geld und ein Team zu finden, das Vertrauen in mich setzte. Doch als ich zu Ferrari kam, erkannte ich schnell, dass an diesem Team etwas Besonderes war, etwas, was jenseits aller wirtschaftlichen und technischen Entscheidungen lag."*

Im Winter 1898 liegt so viel Schnee, dass Alfredo Ferrari erst nach zwei Tagen die Geburt seines Sohnes Enzo Anselmo in Modena melden kann. Der Standesbeamte vermerkt als Geburtsdatum den 20. Februar 1898. Demnach hat der Sohn einer Bauernfamilie vermutlich schon am 18. Februar 1898 in einem Bergdorf nahe Modena, in der rauen, aber reichen Provinz Emilia, das Licht der Welt erblickt.

Die Familie lebt in recht guten finanziellen Verhältnissen. Neben der Viehzucht besitzt der Vater eine kleine, gutgehende Schlosser- und Schmiedewerkstatt, die der staatlichen italienischen Eisenbahngesellschaft Teile für den Dächer- und Brückenbau liefert. Ferrari stellt seinen Vater später gerne als einen armen Arbeiter dar, der seinen Lebensunterhalt mühsam verdienen musste. Doch dieser beschäftigt, je nach Auftragslage, bis zu 30 Arbeiter und ist Schreibkraft, Manager, Konstrukteur und Verkäufer in Personalunion. Um fast alles kümmert er sich selbst. Sein Vater stammt aus Capri, einem kleinen Ort bei Modena, und Enzos Mutter aus Forli, südlich von Ravenna.

Enzo ist der Jüngere von zwei Brüdern. Sein älterer Bruder trägt als Erstgeborener denselben Namen wie der Vater. Sein

Bruder ist ein begeisterter Schüler. Enzo hingegen hasst das Lernen. Nachdem er in der ersten Klasse der Oberschule sitzenbleibt, unternimmt er keinerlei Anstrengungen, ein weiteres Sitzenbleiben zu verhindern. Bruder Alfredo hingegen erfreut den Vater mit einem abgeschlossenen Ingenieurstudium. Enzo hingegen macht keinen formalen Ingenieurabschluss, lässt sich später aber gerne als *„Ingegnere"* anreden. Die Ferrari-Brüder besitzen ganz unterschiedliche Charaktere: Alfredo ist fleißig und ruhig, Enzo wild und überschäumend. Dennoch sind die beiden einander stark verbunden. Sie teilen sich in ihrer Kindheit ein Zimmer über der väterlichen Werkstatt.

Das technische Talent liegt den Ferraris im Blut. Die Faszination für Automobile nicht. Die kommt aber früh. Durch regionale Autorennen, zu denen der Vater auch den kleinen Enzo mitnimmt, wird seine Leidenschaft für den Motorsport geweckt. Als Zehnjähriger verfolgt er 1908 gebannt die *Targa Bologna*. Von diesem Moment an weiß er, was er werden will. Der junge Enzo interessiert sich für Autorennen, die ihn tief beeindrucken. Nachdem er die Schule beendet, geht er zunächst bei seinem Vater in die Lehre und nutzt nach seiner Ausbildung die Schlosserei als Automobilwerkstatt. Dabei zeigt sich schon früh die besondere technische Begabung des Heranwachsenden und seine Leidenschaft für den sich immer stärker entwickelnden Motorsport. Mit 16 Jahren ist Enzo Ferrari aber auch bereits als Sportberichterstatter für Fußballspiele bei der *Gazzetta dello Sport* bekannt. Die Leidenschaft, die sich als stärker herausstellt, gilt jedoch dem Automobilrennsport. Ferrari schreibt: *„In meiner Jugend hatte ich drei prägnante Berufsfantasien: Operettentenor, Sportjournalist, Rennfahrer. Die erste*

Fantasie löste sich wegen fehlender Stimme und mangelndem Gehör in der Luft auf, die zweite blieb zaghaft bestehen, die dritte entwickelte sich im Laufe der Zeit.“

Enzo Ferraris weiterer Weg ist mit spitzen Steinen gepflastert. Seine Familie fällt während des Ersten Weltkriegs auseinander: Sein älterer Bruder, der als Freiwilliger in den Krieg zieht, kommt nicht mehr zurück. Sein Vater ist bereits zuvor an einer Lungenentzündung gestorben – aufgrund einer verschleppten Bronchitis. Diese Schicksalsschläge bringen eine einschneidende Wende in seinem Leben. 1917 wird Enzo Ferrari schließlich selbst zum Kriegsdienst eingezogen und zu den Gebirgsjägern abkommandiert. Zuerst ist er als Schmied zugeteilt. Ihm wird befohlen, Esel mit neuen Hufen zu beschlagen. Doch er ist von einer kränklichen Natur geplagt, erkrankt ständig und wird zum Dauerbesucher der Krankenstation. Als er eine Brustfellentzündung bekommt, wird er in ein Krankenhaus in Bologna eingewiesen. Hier ringt er bereits mit 20 Jahren um sein Leben.

Ferrari erinnert sich später an die Ereignisse: *„In diesem Krankenhaus in Bologna, das aus heruntergekommenen Holzbaracken bestand, lagen die, für die es keinerlei Hoffnung mehr gab. Das wurde mir dann auf tragische Weise bestätigt. Nachts wurde ich oft durch laute Geräusche aus meinem fiebrigen Halbschlaf geweckt. Germana, eine nette und junge Kriegswitwe, die den Kranken in meiner Abteilung beistand, fragte ich mehrmals nach den Ursachen dieser Geräusche. Nach mehrfach ausweichenden Antworten erklärte sie mir schließlich, dass es sich dabei um die Hammerschläge beim Zunageln der Särge der soeben Verstorbenen handelte. Zwei Operationen und eine Vielzahl von Heilkuren* *machten es mir dann nach und nach wieder möglich, mein Arbeitsleben aufzunehmen."*

So bleibt dem jungen Enzo nach Kriegsende nur noch seine Mutter. Adalgia Bisbini ist eine *„zweifelsfrei schöne Frau"*, wie Enzo seine Mutter beschreibt. Sie versucht, ihren einzig verbleibenden Sohn davon zu überzeugen, Modena nicht zu verlassen. Dabei nutzt sie all die zarten erpresserischen Waffen, die einer Mutter und Witwe zur Verfügung stehen. Doch sie bleibt erfolglos und schafft es nicht, ihren Sohn Enzo aufzuhalten.

Nach dem Ersten Weltkrieg macht sich Enzo Ferrari schließlich auf seinen langen Weg zur Berühmtheit. Zunächst wird er bei Fiat in Turin, der Hauptstadt des italienischen Autobaus, vorstellig. Er hat ein Empfehlungsschreiben seines ehemaligen Offiziers im Marschgepäck, und den guten Ratschlag seiner Mutter: *„Denk an das, was Du morgen zu tun hast – und gebe nie auf!"* Nachdem er bei Fiat keine Arbeit findet, weil man ihn mangels Ausbildung ablehnt, verlässt er als einer von vielen Kriegsheimkehrern das Büro der Turiner Firmenzentrale. Enzo Ferrari erinnert sich: *„Ich fand mich auf der Straße wieder, die Kleidung fror am Körper. Ich durchquerte den Parco Valentini und nachdem ich mit den Händen den Schnee weggefegt hatte, ließ ich mich auf eine Bank nieder. Ich war allein, mein Vater und mein Bruder tot. Einsamkeit und Verzweiflung überfielen mich und ich weinte."* Enzo fährt fort: *„Viele Jahre später, 1947, setzte ich mich wieder auf die gleiche Bank. In diesem Sommer hatte ich mit dem 12-Zylinder Ferrari den Gran Premio di Torino gewonnen. An diesem Tag weinte ich vor Freude."*

Nach der Absage von Fiat hat Ferrari dennoch Glück und findet bei einem kleinen Turiner Unternehmen Arbeit, das leichte Militärfahrzeuge ihrer Karosserie entledigt und die Fahrgestelle für den zivilen Gebrauch umbaut und dann verkauft. Ferrari überführt die Fahrzeuge von Turin nach Mailand, wo sie eine neue Karosserie erhalten. Enzo schlägt sich so durch, hat durch diese Tätigkeit aber die Gelegenheit, weiter in der faszinierenden Welt der Automobile zu verbleiben. Hier tritt er mit Rennfahrern, reichen Aristokraten und ihren Mechanikern in Verbindung. Gutmütig, intelligent und gesellig, wie er ist, findet der junge Ferrari dort bald neue Freunde, darunter auch den Rennfahrer und Testpiloten Ugo Sivocci von *Costruzioni Meccaniche Nazionali* (CMN), einer Mailänder Firma, die sich ebenfalls darauf spezialisiert hat, Militärfahrzeuge umzubauen. Sivocci führt seinen Freund Enzo bei CMN ein und vermittelt ihm dort schließlich ebenfalls eine Stelle als Testfahrer. In der Automobilbranche ist man damals der Meinung, dass der noch junge Rennsport die beste Werbung für ein Automobil sei.

Bei einem Bergrennen im Jahr 1919 erfüllt sich schließlich Ferraris Traum: Er gibt sein Renndebüt und belegt einen respektablen vierten Platz in seiner Klasse. Einen Monat später treten er und sein Freund Sivocci mit ihren verbesserten CMN bei der *Targa Florio* an. Die Freunde fahren mit ihren Einsatzwagen zum Rennklassiker nach Sizilien. Der Legende nach haben sie die abenteuerliche Reise und einen Schneesturm in den Abruzzen nur deshalb überlebt, weil Ferrari mit seinem Revolver ein Rudel hungriger Wölfe verjagen konnte. Beim Rennen selbst wurde Ferrari Neunter, Sivocci belegte den siebten Platz.

Im Jahr 1920 heuert Enzo Ferrari als Werksfahrer bei Alfa Romeo an, einer Marke, die zu diesem Zeitpunkt bereits einen ausgezeichneten sportlichen Ruf genießt. Hier lernt er nun endlich *die* Mechaniker und *die* Piloten kennen und kann seine Rennfahrerkarriere starten. Bei der nächsten *Targa Florio*, die seinerzeit zu den bedeutendsten Rennen Europas zählte, belegt Enzo – in seiner ersten Saison bei Alfa Romeo – einen brillanten zweiten Platz. Seinen ersten Sieg als Rennfahrer erlangt er schließlich 1923 auf einem Dreiliter-Alfa-Romeo-Werkswagen bei einem Rennen in Savio, in der Nähe von Ravenna. *„Niemand erinnert sich daran, wer Zweiter wurde – und das werde ich niemals sein"*, sagte er einmal. Trotz weiterer Erfolge gelingt ihm der große Durchbruch als Fahrer nicht. Insgesamt bestreitet Enzo Ferrari in seiner Karriere als Rennfahrer 47 Rennen. Tragischerweise verliert er seinen Freund Sivocci beim Training zum Großen Preis von Italien 1923.

Ferraris eigene Laufbahn als aktiver Rennfahrer endet im Mysterium: Für den Grand Prix von Europa in Lyon gemeldet, fährt er einige Trainingsrunden und setzt sich anschließend in den Zug und fährt heim nach Modena. Niemand erfährt jemals warum. Später stellt Ferrari fest: *„Ich glaube, ich habe mich als Rennfahrer gar nicht mal so dumm angestellt."* Aber er merkt auch, dass er nicht das Zeug zu einem ganz Großen hat. Seine Möglichkeiten als Fahrer sind beschränkt, und er ist an die Grenzen seines Fahrtalents gelangt. Weiter gibt er zu: *„Ich wurde von Zweifeln geplagt, weil ich wusste, dass ich einen großen Fehler hatte: Ich hatte immer zu viel Ehrfurcht vor der Mechanik, wogegen man, um erfolgreich zu sein, den Wagen auch manchmal schinden können muss."*

Bei Alfa Romeo wächst Enzo Ferrari nun mehr und mehr in die Rolle eines Organisators hinein. Unter seiner Teamführung werden die Alfa-Rennwagen unschlagbar. Die außergewöhnlichste Konstruktion, die Ferrari von seinen Ingenieuren einfordert, ist ein sogenannter Bimotore: ein Achtzylinder-Kompressormotor je vorne und hinten, mit Allradantrieb und 540 PS, der allerdings nie funktionierte.

Am 1. Dezember 1929 gründet Ferrari schließlich zusammen mit den Rennfahrern Carlo Felice Trossi und Mario Tadini sein eigenes Team - die *Scuderia Ferrari S.p.A.* Mit dem Emblem des *Cavallino rampante* - dem aufsteigenden Pferd. Das berühmte Ferrari-Wappen stammt vom italienischen Fliegerhelden Francesco Baracca, der im Ersten Weltkrieg als Kampfflieger zu Ruhm gelangte. Nach dessen Abschuss und Tod wird das Emblem von dem Flugzeugwrack abgetrennt und seinen Eltern übergeben. Die Eltern, der Graf und die Gräfin von Modena, Enrico und Paolina Baracca, überlassen das Symbol Enzo Ferrari wegen seines Mutes als Rennfahrer. Beide sind bei seinem ersten Sieg in Savio dabei. Vielleicht spielt aber auch die Tatsache eine Rolle, dass Ferraris Bruder Alfredo im Krieg in Baraccas Staffel diente und dort ebenfalls ums Leben kam. Der Graf und die Gräfin überreichen Ferrari das Symbol zu treuen Händen mit den Worten: *„Ferrari, nimm dies und tue es auf Deine Autos. Es wird Dir Glück bringen."* Hinterlegt wird das schwarze Pferd mit Gelb, der Wappenfarbe von Modena. Als Erkennung der Nationalität werden zusätzlich die italienischen Landesfarben eingebracht.

Die *Scuderia Ferrari* tritt mit Alfa-Romeo-Fahrzeugen an. Enzo Ferraris erster Schritt in die Selbstständigkeit. Es gelingt ihm, zahlreiche qualifizierte Mitarbeiter und kluge Köpfe von Alfa abzuwerben. Die *Scuderia Ferrari* ist nun als externe Rennsportabteilung dem Mailänder Haus Alfa Romeo angeschlossen, gewissermaßen als Outsourcing-Modell der Alfa-Romeo-Rennsportabteilung. Der Ferrari-Rennstall wird mit den Alfa-Romeo-Fahrzeugen ein erfolgreiches Team, und Enzo Ferrari zeigt sich dabei nicht nur als hervorragender Geschäftsmann, sondern auch als ein überaus geschickter Delegat, der es versteht, passende und zuverlässige Fachleute für seine Projekte zu vereinen.

Bereits in den frühen 1920er-Jahren lernt Enzo Ferrari seine spätere Frau kennen. Laura Domenica Garello stammt aus einem Dorf südlich von Turin. Sie ist etwas pummelig, und ihr ländlicher Dialekt verrät ihre Herkunft aus der Arbeiterklasse. Sie hat blitzende braune Augen und lacht gern etwas kokett. Ferrari stürzt sich in diese Beziehung und versucht, Laura an sich zu binden. Die Hochzeit der beiden findet 1923 statt. Enzos Mutter und seine Gattin Laura können einander angeblich nicht leiden. Trotzdem kauft Enzo den beiden später in Modena eine Villa, die sie je zur Hälfte bewohnen. Aus der Ehe mit der ehemaligen Tänzerin Laura geht am 19. Januar 1932 ein Sohn namens Alfredo hervor. Der Sohn – benannt nach Enzos Vater und Bruder – erbt die schweren Augenlider des Vaters und die vorspringende, leicht nach unten gekrümmte Nase der Mutter. Sein Spitzname Alfredino, also Klein-Alfredo, verkürzt sich bald zu Dino. Einen guten Teil seiner Jugend verbringt er in der Fabrik seines Vaters. Dino genießt – im Gegensatz zu seinem Vater – eine technische

Ausbildung und studiert darüber hinaus an der Universität in Bologna Betriebswirtschaftslehre. Es ist offensichtlich, dass er auf eine große Zukunft vorbereitet werden soll. Dino gilt überall als ein fröhlicher und freundlicher junger Mann, stets hilfsbereit und begierig zu lernen und zu diskutieren. Er zeigt großes Interesse an allem, was in der Fabrik vor sich geht, insbesondere in der Rennsportabteilung.

Ab Mitte der 1930er-Jahre beginnt eine schwere Zeit für die bis dahin sehr erfolgreiche *Scuderia Ferrari*. Deutsche Marken wie Mercedes-Benz und Auto-Union beherrschen zwischenzeitlich den Rennsport. Mit den horrenden Entwicklungsbudgets, mit denen Nazi-Deutschland die deutschen Teilnehmer ausstattet, können die ausländischen Teams nicht mithalten. Im Jahr 1938 zieht man in Italien daraus die Konsequenzen. Alfa Romeo entscheidet sich, fortan nur noch mit einem werkseigenen Team, der *Alfa Corse*, zu starten. Enzo schreibt dazu: *„Die Kluft war somit unüberbrückbar geworden, und das führte zu meiner Entlassung."* Diese Scheidung auf Italienisch ist für Enzo Ferrari ein Desaster. Nun hat er nicht nur seinen Partner Alfa Romeo verloren, sondern muss dazu auch noch sämtliche Fahrzeuge, Technik und das Equipment abgeben. Zwar könnte er bei *Alfa Corse* Teamchef werden, doch dies kommt für ihn zu diesem Zeitpunkt nicht mehr in Betracht. Alfa Romeo macht ihm weiter die Auflage, vier Jahre lang kein Fahrzeug unter seinem Namen zu bauen oder einsetzen zu dürfen.

Enzo Ferrari fasst nach einigen schwierigen und weniger glückreichen Jahren bei Alfa Romeo den Entschluss, in eigener Verantwortung Rennwagen herzustellen und an den

Start zu bringen. Diese Unternehmensmaxime gilt für das Unternehmen Ferrari bis heute. Er trennt sich nach 20-jähriger Zusammenarbeit von Alfa Romeo. Für viele andere Männer wäre die Kündigung nach einer so langen Zeit in einem Unternehmen ein Vorspiel für den Ruhestand gewesen. Doch Ferrari glaubt fest an sein Ziel und macht sich mit einer eigenen Fabrik selbstständig. Er schreibt: *„Ich wollte zeigen, dass meine Bekanntheit das ehrlich verdiente Ergebnis meiner Arbeit ist."* Ferrari gründet im Jahr 1940 in Modena eine Firma unter dem unverfänglichen Namen *Auto Avio Costruzioni*. Aus der später die *Auto Costruzione Ferrari* wird. Die baut für die *Mille Miglia* zwei Fahrzeuge unter eigenem Namen mit der Bezeichnung *Vettura 815*. Eines davon existiert noch heute. Die Autos besitzen auffallende Ähnlichkeit mit den damaligen Alfas. Noch dürfen die Rennwagen, deren acht Zylinder aus zwei Fiat-Vierzylindern zusammenbaut sind, nicht die Bezeichnung „Ferrari" tragen.

Trotz des beginnenden Zweiten Weltkriegs verfolgt Ferrari weiter hartnäckig seinen Traum als unabhängiger Rennwagenhersteller. Der Krieg verhindert, dass die Rennkarriere des neuen Autos richtig durchstarten kann. Der erste große Rückschlag für Ferrari kommt 1943: Das Werk wird Opfer britischer Bomber und fast vollständig zerstört. Der selbstständige Rennstall zieht daraufhin – mit der Unterstützung von Mussolini – von Modena ins nahe gelegene Maranello um. Dort, wo Ferrari bis heute seinen Firmensitz hat. Im Frühjahr 1945 kommen amerikanische Bomber und treffen die Ferrari-Werke noch härter als zuvor. Es wird Monate dauern, um die schweren Schäden zu beheben. Enzos Welt liegt in Trümmern. Genau zu diesem Zeitpunkt bahnt sich ein weiteres folgenreiches Ereignis an: Mitte 1945 wird Ferrari ein weiteres Mal Vater. Ein unehelicher Sohn namens Piero, der aus seiner Beziehung zu Lina Lardi stammt. Mit seiner Frau Laura verbindet ihn nur noch schwelender Hass. Zudem zeigen sich bei seinem Sohn Dino erste Anzeichen einer ernsthaften Erkrankung. In vagen Umrissen beginnt sich für Enzo Ferrari ein neues Leben abzuzeichnen.

Als in der Welt Frieden einkehrt, startet Enzo Ferrari wieder bei null. Doch von nun an geht es stetig bergauf. Er arbeitet ohne jeden Partner, was bedeutet, dass er zukünftig das Auto, den Motor und das Team selbst stellen wird. Ferrari ist der einzige Rennstall, der in der Formel 1 mit Rennautos antritt, die komplett im eigenen Werk entwickelt und gebaut werden. Im Dezember 1946 kündigt das englische Fachmagazin *Autocar* eine neue italienische Marke mit dem Kommentar an: *„Weder die Beschädigungen des Krieges noch der drohende Kommunismus habe die Begeisterung der Italiener für sportliche Autos bremsen können."* Der Leser erfährt von *„einer komplett neuen Marke namens Ferrari, deren erster Typ 125 in modernen Werkstätten bei Maranello gebaut wird."* Anschließend wird verraten, dass drei verschiedene Modelle geplant seien: Sport-, Renn- und Grand-Prix-Fahrzeuge. Lediglich aufgrund einiger technischer Einzelheiten und ohne ein fertiges Fahrzeug gesehen zu haben, wird der neue Hersteller überschäumend begrüßt. Enzo Ferraris Qualitäten als Teamchef bei Alfa Romeo sind zwar bekannt, doch als Autohersteller ist er ein unbeschriebenes Blatt. Dennoch wartet man gespannt auf den Auftritt der neuen Wagen.

In Maranello laufen die Arbeiten am ersten Auto, das *seinen* Namen trägt. Die Rennwagen-Fans entdecken plötzlich einen neuen Wagen: rot lackiert, versehen mit einem Ferrari-Schriftzug. Der Wagen trägt die Bezeichnung 125 S. Das „S" steht für Sport, die 125 für das Volumen pro Zylinder. Der V12-Zylindermotor, konstruiert von Aurelio Lampredi, besitzt lediglich 1,5 Liter Hubraum, aber Ferrari schätzt schon früh die legere Großzügigkeit von Zwölfzylindermotoren. Bei anderen Fabrikaten hatte er sich bereits in das *„Lied der Zwölf"*, wie er es nennt, verliebt. Der 125 S entsteht 1947; sein Auftritt bei einem eher unbedeutenden Rennen in Piacenza ist unscheinbar. Wie es sich für einen Ferrari gehört, liegt das Fahrzeug während des ganzen Rennens an der Spitze. Leider klemmt zwei Runden vor Schluss die Benzinpumpe. *„Es war aber eine vielversprechende Niederlage"*, urteilte Enzo Ferrari nach dem Rennen. Mit Recht, denn zwei Wochen später gewinnt der Rennfahrer Franco Cortese mit dem 125 S den Grand Prix von Rom. Der erste Rennsieg in der Geschichte von Ferrari.

Der Technische Leiter bei Ferrari, Giuseppe Busso, beschreibt die Atmosphäre in der Firma Ferrari im Jahr 1947 wie folgt: *„Das Ambiente war angenehm und freundlich. Der Krieg war gerade vorüber und die Italiener waren schon immer die ersten, die es sofort wieder anpackten. Es war Tatendrang da, vor allem im Automobilbereich. Man diskutierte viel über die Technik und die Entwürfe, vor allem bei den langen ausgiebigen Abendessen. Enzo Ferrari vermochte einen vor allem immer zu überzeugen, das zu tun, was er wollte. Er arbeitete mit Zuckerbrot und Peitsche und kannte in gewissen Situationen kein Pardon."*

Mit Alberto Ascari am Steuer erzielt Ferrari beim Großen Preis der Schweiz 1949 den ersten Sieg bei einem internationalen Autorennen. Der eigentliche Mythos Ferrari beginnt aber nicht auf den Rennstrecken, sondern auf der Straße. Von Enzo Ferrari ist der Satz *„Ein Auto muss man zuerst träumen"* überliefert. Und so macht man sich in Maranello daran, in aufwendiger Handarbeit auch kraftvolle Traumsportwagen zu produzieren, die bald zum Statussymbol der Schönen und Reichen werden. Und Ferrari untertreibt stark, wenn er sagt: *„Ich baue Motoren und schraube Räder dran."* Seine Klientel teilt er übrigens, nicht ohne Sarkasmus, in drei Segmente auf: *„den arrivierten Fünfzigjährigen, den Mann aus dem Umkreis des Rennsports, der seine eigenen Fähigkeiten als Autofahrer als außergewöhnlich einschätzt, und den Poseur, dessen attraktive Freundinnen bei Betriebsbesichtigungen in Maranello die Arbeit in den Werkhallen zum Erliegen bringen."* Ferrari schafft maßgeschneiderte Unikate, die an Kraft, Klang und Schönheit kaum zu überbieten sind.

Enzo Ferrari ist mittlerweile fast 50 Jahre alt, und sein Leben ist mehr und mehr zur banalen Routine erstarrt. Jeden Morgen steht er in der kleinen Wohnung über der alten *Scuderia* in Modena auf, und nachdem er Dino in das nahe gelegene *Corni Istituto Tecnico* zur Schule gebracht hat, zieht er weiter zu seinem Stammfriseur und lässt sich rasieren. Die Vormittage verbringt er im Allgemeinen im vollgestopften Büro der *Scuderia*, wo er Besprechungen abhält, wichtige Besucher empfängt und dringende Korrespondenz erledigt, gewöhnlich in seiner klaren Handschrift und mit einem violetten Tintenbleistift. Nach dem Mittagessen fährt er nach Süden auf der Via Abetone zur Fabrik hinaus, wo er die Mitarbeiter antreibt, die geschmiedeten, gegossenen und die rohen Metallteile, die im Nachkriegsitalien immer noch Mangelware sind, zügig zu bearbeiten. Aus ihnen entstehen neue Ferraris. In der Fabrik in Maranello residiert er in seinem großen Büro im Erdgeschoss, dessen Wände in einem zarten Blau gehalten sind. Mitten im Raum steht ein großer Schreibtisch, der die Besucher förmlich dazu nötigt, sich vor Ferrari niederzuwerfen, wenn sie ihm über den Tisch hinweg die Hand schütteln wollen. Doch den noch größeren Teil seiner Zeit verbringt er in den Werkstätten, wo seine Mechaniker neue Fahrgestelle zusammenbauen und eine Gruppe von Maschinenschlossern die Motoren- und Getriebekomponenten fertig bearbeiten.

Enzo Ferraris Abende hingegen verlaufen in jener Zeit nach zwei verschiedenen Schemata. Meist fährt er wieder zur *Scuderia* nach Modena zurück, nimmt sein Abendessen mit der Familie ein und zieht sich zur Lektüre zurück, wobei er sich für die unterschiedlichsten Themen interessiert. Von der Politik bis zur Philosophie, insbesondere aber für die Sportpresse, wobei die Leistungen der *Scuderia Ferrari* im Vergleich zu Maserati und Alfa Romeo noch weiter unter ferner liefen rangieren. Dann gibt es aber auch jene Abende, an denen er *„den langen Heimweg nimmt"*. Das bedeutet nichts anderes, als dass er einen Umweg über Castelvetro fährt, um die stets fröhliche Lina Lardi und den kleinen Piero in die Arme zu nehmen. Hier ist er ein ganz anderer, ein viel weicherer Mensch. Sobald er sich erst einmal in dem kleinen Haus mit den verschlossenen Fensterläden befindet, fallen sein ganzes aufgeblasenes Gehabe, seine Schroffheit und sein Jähzorn von ihm ab, und er lässt sich von dem wilden Kind alle Streiche und Albereien gefallen. Es ist zwar nichts Ungewöhnliches daran, dass sich ein bedeutender Mann bei seiner Geliebten viel ungezwungener als sonst gibt, aber bei einem Mann wie Enzo Ferrari, der in der Öffentlichkeit die Haltung des unnahbaren Gebieters pflegt, hat diese Verwandlung etwas Befremdliches. Enzo versteht es aber ebenso, den pflichtbewussten Sohn zu spielen. Wie bei vielen italienischen Männern nimmt Enzos Mutter eine dominante Rolle in seinem Leben ein. Wenngleich er immer als Vermittler und gelegentlich als Schiedsrichter zwischen seiner Mutter und seiner Geliebten fungieren muss. Beide sind eigensinnige und wortgewaltige Frauen, und ihre seltenen Begegnungen enden stets in Zank und Streit.

Als seine Frau Laura 1978 stirbt – der Legende nach soll sie an einem harten Ei erstickt sein –, gesteht Ferrari ein: *„Ich habe die bittere Erfahrung gemacht, dass man die wahren Werte des Guten im Leben erst dann erkennt, wenn sie das Schicksal unwiderruflich nimmt."* Nun, nach dem Tod von Laura, kann er Piero schließlich offiziell als seinen Sohn anerkennen. Wie sein Halbbruder Dino wird Piero später auch in die Firma des Vaters in Maranello einsteigen. Im Laufe der Jahre wird Piero immer wichtigere Managementaufgaben und Führungspositionen innerhalb des Unternehmens übernehmen. Erst als ihn Niki Lauda in seiner 1977 veröffentlichten Autobiografie erwähnt, erfährt eine breitere Öffentlichkeit von seiner Existenz. Noch heute hält Piero Lardi einen zehnprozentigen Anteil an dem Unternehmen, das sein Vater gegründet hat. Nach dem Börsengang 2015 waren diese Anteile rund eine Milliarde Euro wert.

Im Februar 1948 feiert Ferrari seinen 50. Geburtstag. Nach Jahren harter Entwicklungsarbeit stellt Alfa Romeo mit Giuseppe Farina den ersten Weltmeister in der 1950 neu gegründeten Formel-1-Weltmeisterschaft. Und Ferrari gewinnt die legendäre *Mille Miglia*. Doch die Zielsetzung ist klar, das Feindbild scharf umrissen: Alfa Romeo muss geschlagen werden, dort, wo es wirklich wehtut: in der Formel 1. Im nächsten Jahr beteiligt sich auch Ferrari am Kampf um die Weltmeisterschaft. Doch abermals wird Alfa Romeo Weltmeister, diesmal mit dem Argentinier Juan Manuel Fangio als Fahrer. Beim Großen Preis von England in Silverstone, auf dem Nürburgring und im italienischen Monza ringt Ferrari jedoch die bis dahin als fast unschlagbar geltenden Alfetta 159 nieder. Enzo Ferrari sagt: *„Es ist, als hätte ich meine Mutter ermordet!"* Ironie des Schicksals: Indem er Alfa Romeo bekämpft, rennt Ferrari gegen seine eigene Vergangenheit an, denn er wirkte seinerzeit an dem Konzept dieser starken Alfas mit.

Seit dem zweiten Formel-1-Rennen in Monaco am 21. Mai 1950 ist Ferrari als einziges Team und Motorenhersteller ununterbrochen in der Königsklasse des Motorsports dabei. Eine einzigartige Erfolgsgeschichte. Enzo Ferrari leitet sein Team mit eiserner Hand und ist besonders dann zufrieden, wenn sich beide seiner Piloten auf der Strecke bekämpfen. Nichts macht ihm mehr Spaß, als seine beiden Autos im Kampf gegeneinander zu sehen. Die Unternehmensphilosophie lautet: *„Rennen gewinnen und eine Kollektion gut verkäuflicher Sportwagen schaffen, die wiederum für neues Kapital sorgt, mit dem man weitere Rennen gewinnen kann."* Dieser kommerziellen Realität muss sich Enzo Ferrari beugen: Ohne eine zahlungskräftige Kundschaft kann sich Ferrari den Rennsport nicht leisten – und dem gilt zeitlebens seine wahre Leidenschaft. Der allgemeine Grundsatz bei der Rennpferdezucht kann auch hier angewendet werden: *„Rennen veredeln die Rasse."*

Somit läuft parallel zum Rennsport in Maranello die Fertigung von Straßenwagen. Enzo Ferrari vertritt die These: *„Aerodynamik ist für Leute, die keine Motoren bauen können."* Eine der dynamischsten Allianzen in der Geschichte des Automobilbaus hatte ihre Geburtsstunde im Jahr 1951 in einem kleinen italienischen Ort. Ein Herr namens Battista Pininfarina hat sich zu diesem Zeitpunkt bereits einen Namen in der Welt des Automobildesigns gemacht. Und auch einige von Enzo Ferrari entwickelte Rennwagen haben bereits für Furore gesorgt. Die beiden Männer ahnen, dass sie in Zukunft nicht mehr aneinander vorbeikommen. Sie lernten sich schon Jahre vorher kennen. Ihre Wege kreuzten sich dabei häufiger, und sie tauschten sich einander öfter aus. Eine engere Zusammenarbeit ziehen sie bis dahin aber nie in Erwägung. Beide Unternehmerpersönlichkeiten sind visionär, zupackend und erfolgsverwöhnt. Zu jenem Zeitpunkt wird beiden klar, dass ihre Verbindung fast zur Notwendigkeit wird. Ferrari, der zunehmend Erfolg hat, ist auf der Suche nach einem Karosserieschneider, um seine Automobile einkleiden zu lassen. Ein Abgesandter Ferraris überbringt die Botschaft, dass der *Commendatore* nun bereit sei, sich mit Pininfarina zu treffen. Der meint, er sei gerne bereit, Herrn Ferrari in seinen Turiner Werkstätten zu empfangen. Doch Ferrari antwortet, dass er Maranello niemals verlasse oder doch nur ganz selten. Der eigene Stolz dieser beiden außergewöhnlichen

Männer verhindert für einige Zeit jenes Treffen, das als Meilenstein in die Geschichte des Automobilbaus eingehen wird. Zu groß ist der Stolz, um sich gänzlich aus der eigenen Garnison in den Herrschaftsbereich des anderen zu begeben.

Schließlich findet der Sohn von Battista Pininfarina, Sergio, den rettenden Kompromiss. Er schlägt den beiden Sturköpfen vor, sich doch auf halber Wegstrecke zwischen Maranello und Turin zu treffen. Auf der Landkarte Italiens ist dort ein Städtchen namens Tortona verzeichnet. Hier findet das berühmte Treffen in Form eines Arbeitsessens statt. Schnell ist die durch das Vorgeplänkel vertane Zeit vergessen. Als sich die beiden Männer gegenübersitzen, kommen die Dinge schnell voran, denn sie verstehen sich auf Anhieb, verfolgen dieselben Ziele. Ferrari möchte gemeinsam mit Pininfarina ein Auto entwickeln. Die Verantwortung für das Chassis und den Motor übernehmen die Techniker von Ferrari. Pininfarinas Aufgabe ist es, die passende Karosserie zu entwerfen, wobei an der Leistung natürlich keine Abstriche gemacht werden dürfen.

Auch der junge Sergio Pininfarina gehört zu den Teilnehmern an diesem Essen, das ihm lebhaft in Erinnerung bleibt und an das er gerne zurückdenkt: *„Zwischen Enzo Ferrari und meinem Vater bestand eine Atmosphäre gegenseitigen Respekts. Sie ahnten, dass aus ihrer Zusammenarbeit etwas Großes und Dauerhaftes hervorgehen würde.“* Im Verlauf dieses Arbeitsessens kommt Battista zu der Überzeugung, dass Ferrari und er sich hervorragend ergänzen. Er weiß nicht nur, dass seinen Händen mit der Marke Ferrari von nun an ein besonders kostbares Juwel anvertraut wird, sondern ihm ist vor allem eines klar: Enzo Ferrari erwartet, dass er sein Bestes gibt.

Die Automobilwelt bleibt jedoch hinsichtlich dieser Zusammenarbeit, dem sogenannten *„Pakt der Konsuln"*, skeptisch und unkt über *„zwei Primadonnen an einer Oper"*. Völlig unbeeindruckt von diesem Gerede machen sich die beiden Männer entschlossen ans Werk. Ferrari fordert das technische Potenzial seiner Fahrzeuge zu stets neuen Dimensionen heraus, die Pininfarina in immer wieder ästhetisch bestechende Formen kleidet. Eine kongeniale Zusammenarbeit, die Revolutionäres hervorbringt. Pininfarina entrümpelt die Traditionen des Karosseriebaus und verwandelt das Automobil in eine schnittige Erscheinung. Beseitigt überflüssig blitzenden Zierrat und verschleift Karosserieteile wie Radkästen und Aufbau. Seine Entwürfe setzen neue ästhetische Standards durch eine *„Eleganz des Schlichten"* und die *„Dynamik der fließenden Linien"*. *„Löse das Automobil von allen melodramatischen, monumentalen und visionären Vorstellungen und befreie es von dekorativen Elementen."* Getreu diesen Worten macht sich Pininfarina zum ersten Mal daran, seinen Namen auf einem Ferrari zu platzieren.

Im Frühsommer 1952, kaum mehr als ein Jahr nach der berühmten Begegnung in Tortona, wird der erste Ferrari mit einer Pininfarina-Karosserie vorgestellt: der Ferrari 212 Inter – das erste Produkt aus der Vernunftheirat zwischen Ferrari und der Turiner „Künstlerwerkstatt". Ein paar Jahre später hat das Verhältnis zwischen Enzo Ferrari und Battista Pininfarina bereits das Stadium einer bloßen technischen und kommerziellen Zusammenarbeit hinter sich gelassen. Sie fühlen sich einander tiefer verbunden, aber sie verlieren darüber nicht viele Worte.

Anfang der 1960er-Jahre bereitet Battista seine Nachfolge vor. Unterdessen verwenden Sergio Pininfarina und sein Schwager Renzo Carli den größten Teil ihrer schöpferischen Energie in die Entwicklung eines Wagens, der später unter dem Namen Ferrari 246 GT oder Dino in die Geschichte eingehen wird. Dieses Projekt vertieft nun dauerhaft die Verbindung zwischen Pininfarina und Ferrari, zumal es den Namen seines verstorbenen Sohnes trägt und ihm gewidmet ist. Dieses kompakt gebaute Auto mit den unwiderstehlichen Kurven zeichnet sich vor allem auch durch ein neues Antriebskonzept aus: den Mittelmotor. Hier kommt es erstmals im Verlauf der langjährigen fruchtbaren Zusammenarbeit zwischen den beiden Häusern zu Meinungsverschiedenheiten. Pininfarina präferiert das Konzept des Mittelmotors, was bei Ferrari zunächst auf völlige Ablehnung stößt. Ferrari besitzt nicht nur klare Vorstellungen, sondern auch einen starken Willen, und man weiß nicht, wie es Pininfarina schaffte, den Konstrukteur aus Maranello am Ende davon zu überzeugen, in diesem Fall von seinen Prinzipien abzuweichen.

Battista Pininfarina erlebt schließlich die Verwirklichung des Ferrari Dino nicht mehr. Im April 1966 stirbt er. Sein Leichnam wird im Autowerk aufgebahrt. Enzo Ferrari nimmt nun die Reise nach Turin auf sich, was er zuvor nie getan hat. Er möchte dem Freund und Meister eine letzte Ehre erweisen. *„Lass uns in Zukunft Du zueinander sagen“*, schlägt er Sergio Pininfarina in schlichter Form vor, als sie den Raum, in dem der Verstorbene ruht, verlassen. Nur selten hat Enzo Ferrari dieses Privileg vergeben. Es ist seine Art, dem Erben von Pininfarina sein volles Vertrauen auszusprechen. Während der Gründer Battista noch ganz aus dem Gefühl heraus arbeitete, bringt Sohn Sergio, der über eine technische Ausbildung verfügt, etwas mehr Rationalität in das Unternehmen. Sergio Pininfarina beschreibt die Bedeutung seines Vaters für die Automobilwelt wie folgt: *„Er allein hat Pininfarina geschaffen. Er war wie ein Meer, das alles und jeden überdeckte – man hatte keine Chance, neben ihm aus der Tiefe hervorzutauchen."*

Triumph und Tragödie liegen für Enzo Ferrari im Jahr 1956 eng beieinander. Am 30. Juni 1956 stirbt sein über alles geliebter Sohn Dino. Erst 24 Jahre alt, erliegt der an Muskelschwund leidende Alfredo einem Nierenversagen. Gleichzeitig wird die *Scuderia Ferrari* nach zwei enttäuschenden Rennsaisons zum dritten Mal Formel-1-Weltmeister. Enzo Ferraris Leben ändert sich für immer. Nach dem Tod seines Sohnes legt Enzo seine Sonnenbrille nur noch selten ab. Die Intensität seiner Gefühle zeigt sich in der Einführung seiner 1963 erschienenen Autobiografie, die Dino gewidmet ist: *„In den vergangenen Jahren hat man mich mehr als einmal gebeten, die Geschichte meines Lebens aufzuschreiben. Bisher habe ich diesem Vorschlag nie Folge geleistet. Aber der Tod meines Sohnes bewog mich, traurig innezuhalten und nachzudenken. Mit angehaltenem Atem schaute ich den langen Weg entlang, den ich zurückgelegt habe. So wie sich mein Leben hinter mir ausstreckte, beschloss ich, in diesem Dialog mit mir selbst Erlösung zu suchen, in der Hoffnung, dass es nicht zu spät war; ein Dialog mit der Einsamkeit im Schatten des größten Kummers meines Lebens."*

Dino war genauso rennsportverliebt wie sein Vater. Er entwirft einen V6-Motor, der später den Beinamen Dino trägt. Doch bevor er jemals das Aufheulen dieses berühmten Motors hören kann, verstirbt Enzos geliebter Sohn. Der Legende nach soll er – im Sterben liegend – mit seinen letzten Atemzügen dem Konstrukteur Vittorio Jano die Eckdaten des neuen Sechszylinders ins Ohr gehaucht haben ... und Enzo soll das Werk seines Sohnes an dessen Grab auf dem Friedhof von Modena schließlich vollendet haben. So viel zur Legendenbildung. Der Motor und alle Ferrari-Fahrzeuge, die damit angetrieben werden, erhalten im Andenken an Alfredino seinen Kosenamen.

Enzo kann den Tod seines Sohnes lange Zeit nicht verwinden. Er ist tief getroffen. In seinem Büro hängt seitdem ein Bild Dinos, beleuchtet in den Farben der italienischen Trikolore. In den Folgejahren, eigentlich bis zu seinem eigenen Tod, sieht man den Firmenpatriarchen in der Öffentlichkeit nur noch versteckt hinter den dunklen Gläsern einer Sonnenbrille. Enzo besucht Dinos Grab jeden Tag.

In sportlicher Hinsicht ist man in jenen Jahren sehr erfolgreich. Im Jahr 1950 nimmt die Marke Ferrari zum ersten Mal an einem Rennen in der neu gegründeten Formel-1-Serie teil. Mit folgenden Ausnahmen ist Ferrari – seit Gründung der Formel 1 – durchgängig dabei: Am 18. Juli 1959 fehlen die Italiener beim Grand Prix von Großbritannien aufgrund eines Fahrerstreiks. In den 1960er-Jahren müssen einige Überseerennen aus Geldmangel ausgelassen werden. Und ab Mitte der Saison 1973 bleibt das Ferrari-Team zu Hause in Maranello, da man kein wettbewerbsfähiges Fahrzeug stellen kann. Aber auch beim allerersten Grand Prix der Formel-1-Geschichte, am 13. Mai 1950 in Silverstone, ist Ferrari noch nicht dabei. Der Legende nach kann sich Ferrari angeblich nicht auf ein Startgeld mit dem Veranstalter in Silverstone einigen, was tatsächlich plausibel klingt. Somit verpasst Ferrari den historischen Moment, auch beim ersten Formel-1-Rennnen der Geschichte dabei gewesen zu sein.

Alfa Romeo ist zu dieser Zeit das Maß aller Dinge, zieht sich jedoch überraschend nach dem Gewinn der beiden Weltmeisterschaften 1950 und 1951 aus der Königsklasse des Motorrennsports zurück. Begründung: Eine weitere Überarbeitung des konzeptionell bereits 14 Jahre alten Tipo 158/159 scheint den Mailändern nicht mehr erfolgversprechend. Zudem fällt diese Entscheidung mit der Neuorientierung der Marke hin zu kostengünstigeren Volumenmodellen. Ferrari holt den technischen Rückstand gegenüber Alfa Romeo auf und wird mit Alberto Ascari 1952 und 1953 zweimal in Folge Formel-1-Weltmeister. Und auch 1956, als Ferrari – nach dem Formel-1-Ausstieg von Lancia – die starken Monoposti Lancia D50 und das gesamte Material von den Turinern geschenkt bekommt. Rennfahrerlegende Juan Manuel Fangio als Pilot fährt die notwendigen Siege ein. Und schließlich nochmals im Jahr 1958 mit Mike Hawthorn als Fahrer. *„Rennwagen sind weder schön noch hässlich. Sie sind dann schön, wenn sie gewinnen“*, sagte Ferrari seinerzeit.

Ferraris Piloten erhalten die Ehre, seine Rennwagen fahren zu dürfen. Entgegen der geläufigen Meinung, dass er seine Rennfahrer nicht gut behandelt hätte, hat er zu einigen eine sehr enge Beziehung. Der Tod von Alberto Ascari geht ihm sehr nahe; ebenso der von Gilles Villeneuve, der 1982 tödlich verunglückt. Ferrari hängt sein Foto neben das seines Sohnes Dino. Nicht so eng ist seine persönliche Bindung zu Niki Lauda. Wutentbrannt brüllt er Niki Lauda 1977 an, er würde sich *„für ein paar Stangen Salami"* an Brabham verkaufen.

Berühmte Ex-Piloten der *Scuderia Ferrari* äußern sich wie folgt über Enzo Ferrari:

John Surtees: Hassliebe

(1964 Formel-1-Weltmeister auf Ferrari 158)

»Jedes Verhältnis mit Ferrari hat einen emotionalen Charakter. Für Ferrari zu fahren ist immer eine Frage der Hassliebe, wegen der blöden politischen Ränke. Bei Ferrari gibt es so viel Ränke, dass das Verhältnis immer von Hassliebe geprägt ist. Und üblicherweise ist diese Wirklichkeit immer sein größter Feind gewesen, obwohl das Ganze etwas sehr Spezielles hatte.«

Chris Amon: Wutausbruch

(Verließ Ferrari 1969 nach drei Jahren als Fahrer)

»Er war solch ein Autokrat! Da sitzt man entspannt in seinem Büro – und plötzlich springt Enzo auf, stürzt sich in wilde Action, schreit in drei Telefone gleichzeitig, schlägt wie von Sinnen mit der Faust auf den Schreibtisch, überall flackern irgendwelche Signallampen auf, Alarmglocken schrillen, Menschen hetzen über die Flure … Und plötzlich ist der Spuk wieder vorbei. Enzo lehnt sich zufrieden und entspannt im Sessel zurück, grinst ein unverschämtes Lachen … Er hat nur mal schnell zeigen wollen, wer denn hier der Boss ist. So war er, und viele haben ähnliche Situationen mit ihm erlebt.«

Niki Lauda: Selbstsucht, Leidenschaft und besessen von Siegen

(1975 und 1977 Formel-1-Weltmeister auf Ferrari 312T)

»Bei Ferrari war Siegen eine Erleichterung wegen des starken Drucks, der immer auf den Fahrern lastete. Meiner Meinung nach war der Alte hart und stark, jemand, der genau wusste, was er wollte. Selbstsüchtig im Umgang, war er ein Italiener mit viel Herz. Immer trafen seine Selbstsucht und seine Leidenschaft aufeinander. Ich glaube, dass ich ihm als Mensch gefiel und dass er mich deswegen mochte. Sechs Jahre nach meinem Weggang trafen wir uns zufällig in Imola, und er sprach warm und offen mit mir. Aber wenn ich für ihn fuhr, hatte ich seine Selbstsucht zu ertragen, die ich akzeptierte, da sein Wunsch, Rennen zu gewinnen, meinem gleichkam. Enzo Ferrari kümmerte nichts anderes als zu siegen. Da ich dasselbe empfand, hatte ich niemals Schwierigkeiten mit ihm.«

Jody Scheckter: Ein Verhältnis per Telefax

(1979 Formel-1-Weltmeister auf Ferrari 312T4)

»Wir verwendeten niemals das Telefon wegen der Sprachprobleme. Ich versicherte mich davon, dass er das Telefax direkt bekam, dass niemand es ändern konnte. Trotzdem entgingen wir immer der Versuchung, uns zu beglückwünschen. Enzo Ferrari hat mir niemals etwas zu meiner Weltmeisterschaft gesagt. Ich kann mich aber daran erinnern, dass ich ihn in Fiorano sah, als ich einen Wagen testen sollte. Ich konnte ihn nicht genau hören, aber ich bin sicher, dass er immer wieder dasselbe Wort vor sich hinsprach: Champion, Champion, Champion.«

Gerhard Berger: Schöne Erinnerungen

(Sechs Jahre als Formel-1-Fahrer bei Ferrari)

»Die Zeit, die ich bei Ferrari war, war so angenehm, dass ich sogar zwei Drei-Jahres-Perioden in Maranello blieb. Ich glaube, dass ich der letzte Fahrer war, der seinen Vertrag direkt mit Herrn Ferrari aushandelte. Ich sprach mit ihm sogar, ohne einen Agenten dabei zu haben. Es war nur ein Dolmetscher dabei und ich hatte auch nicht meine Forderungen überlegt. Ich wollte nur für ihn fahren, und andererseits glaube ich nicht, dass ein junger Fahrer wie ich zu viel verlangen durfte. Mir ist gesagt worden, dass Gilles Villeneuve der letzte Fahrer war, der das ganze Interesse des Herrn Ferrari genoss. Zu mir war er immer sehr freundlich und er stellte mir Fragen über die Mädchen. Es war ein entspanntes Verhältnis, vielleicht weil ich ihm in jener Zeit einige Siege brachte. Das einzige Spannungsmoment unter uns war während unseres zweiten Gesprächs über meinen Vertrag, als ich ihm sagte, was ich verdienen wollte. Aber dieser Augenblick ging wieder vorüber ... welch schöne Erinnerungen!«

Alain Prost: Teamarbeit

(Dreimaliger Formel-1-Weltmeister)

»Eine Formel-1-Karriere kann nicht komplett sein, wenn man nicht für Ferrari gefahren ist. Doch wenn ein Fahrer beschließt, für Ferrari zu arbeiten, läuft seine Karriere große Gefahr. Ich wusste das, bevor ich nach Maranello ging, und die Geschichte bewahrheitete es. Ich war zwei Jahre dort. Das erste hinterließ in mir fabelhafte Erinnerungen an ein großes Team, gute Leute, Mechanikerfreunde und viel Spannung. Ich verstehe immer noch nicht, warum die Zusammenarbeit mit Nigel Mansell, die so gut angefangen hatte, sich so schnell

trüben konnte. Meine Erfahrung bei Ferrari lehrte mich, wie wichtig die Teamarbeit ist. Obwohl ich keinerlei Schwierigkeiten mit 300 Leuten der Mannschaft gehabt hatte, genügten Probleme mit einer oder zwei Personen, um alles zunichtezumachen.«

Für Leute, die bei Ferrari in Ungnade gefallen sind und nicht mehr länger zum höheren Ruhm seines Hauses beitragen, hält er längst ein fein abgestuftes Sortiment an Grausamkeiten bereit, das vom Skalpell bis hin zum Schafott reicht. Die Meriten von gestern zählen nie. Sich den Zorn eines Mannes von seiner Statur zuzuziehen, ist furchtbar. Was immer man auch von Ferrari halten mag, seine Leidenschaft und sein unstillbarer Ehrgeiz, besser zu sein als die anderen, pulsieren auch durch seine Autos.

Armin Johl über FERRARI

»Was mich bei Enzo Ferrari am meisten erstaunte, war er selbst. Da war mir gegenüber nichts Arrogantes oder Überhebliches an ihm. Er war höflich, freundlich und bescheiden. Nur wenn man Enzo Ferrari näher kannte, ahnte man, dass dahinter ein knallharter Leistungsträger steckte, der auch von seinen Mitarbeitern rigoros Fleiß, Engagement und Zuverlässigkeit verlangte – und wer genau hinsah, erkannte das schon an der Lage und Ausstattung seines Büros. Es lag gleich am Eingang der Fabrik, so dass er immer die Kontrolle über die Pünktlichkeit und Anwesen-

heit seiner Mitarbeiter hatte. Die Ausstattung seines Büros strahlte eine für ihn charakteristische Klarheit, aber auch Menschlichkeit aus. Die Wände waren hellblau lasiert, die Möbel allesamt aus Naturholz. Unter dem Bild seines schon früh verstorbenen Sohnes Dino brannte eine Kerze. Ich glaube, mehr muss man nicht sagen, um das Wesen des Enzo Ferrari zu erfassen.

In der Öffentlichkeit war Enzo Ferrari distanziert, wie ein Adliger. Sein Auftreten wie das eines Papstes. Er war unnahbar und strahlte keine Freundlichkeit aus. Das habe ich selbst erlebt, als ich meinen Ferrari nach Modena zum Service brachte. Das erste Mal traf ich ihn dort in der damaligen Servicestelle. Seinerzeit wurden da alle Inspektionen an den Sportwagen durchgeführt. Dann kam Enzo Ferrari auf die Idee, dass alle Fahrzeuge bei den Händlern gewartet werden müssen. Bei mir machten sie aber eine Ausnahme. Also, eines Tages bei der Servicestelle in Modena: Ein Angestellter bemerkte plötzlich, dass Enzo Ferrari im Anmarsch war. Unverzüglich öffnete er weit die Tür und machte ihm gegenüber einen tiefen Diener. Ferrari selbst ging wortlos und ignorant an ihm vorbei. Keine Begrüßung, kein Danke, einfach nichts. Ich fand das unglaublich.

An Ferrari hat unsere Manufaktur das Reisegepäck für die Modelle 308, den Testarossa und die 400er-Baureihe geliefert. Mit zwei Repräsentanten des AvD war ich bei Enzo Ferrari im Büro geladen. Ferrari wurde eine Ehrung zuteil, und der AvD überreichte ihm ein Set mit zwölf Krügen. Auf jedem war ein Ferrari 250 GTO abgebildet. Wenn man begann, über den GTO zu sprechen, war das für Enzo Ferrari das Größte. Der GTO war für ihn einfach das Allergrößte. Und das ist er ja im Prinzip auch heute noch für die Autowelt. Ich selbst hatte vor einigen Jahren ein Exemplar für 42 Millionen Euro vermittelt. Heute reichen die Preise weit höher für einen GTO.

Enzo Ferrari hatte immer im Hinterstübchen des Cavallino gespeist. Dort habe ich auch einige Male gegessen. Als normaler Gast ist man da nicht reingekommen. Man musste im vorderen Gästebereich sitzen. Nur in entsprechender Begleitung ist man ins Hinterstübchen gekommen. Einmal habe ich direkt neben Enzo Ferrari gesessen, und da habe ich mich natürlich sehr geehrt gefühlt. Mir gegenüber verhielt er sich nett und freundlich. Carlo Tazzioli übersetzte beim Essen. Carlo Tazzioli lebt heute noch, und ich verehre ihn sehr. Er war der Verkaufsvorstand weltweit bei Ferrari und ist der Taufpate meines Sohnes Benjamin. Er organisierte auch alle meine Begegnungen mit Enzo Ferrari. Eines Tages sagte er zu mir: „Kommst du mal mit mir runter, es gibt dort etwas Schönes anzusehen.“ Wir sind dann runter, und da habe ich zum ersten Mal den 288 GTO gesehen. "Wenn du willst, bekommst du so ein Auto. Wir gehen in zwei Wochen nach Genf auf den Autosalon. Am ersten Tag werden alle 272 Exemplare, die gebaut werden, ausverkauft sein.“ Ich habe natürlich sofort Ja gesagt!

Das Wichtigste für Enzo Ferrari war, dass seine Autos gut waren und Rennen gewonnen haben. Mit wem als Fahrer war nicht so wichtig. Nur das Resultat zählte für ihn. Der

Mensch hat ihn eigentlich nicht interessiert. Der Fahrer Gilles Villeneuve bildete da eine Ausnahme. Die Formel-1-Rennen und die Siege waren ihm wichtiger als die Sportwagen, die er an seine Kundschaft verkaufte.

Irgendwann erhielt ich, zurück in Deutschland, einen Anruf von Ferrari. Man möchte mich heute gerne zum Essen einladen. Zum Essen in das teure Hotel-Restaurant Kempinski in Gravenbruch bei Frankfurt war der damalige Generaldirektor von Ferrari, Signore Piero Fusaro, angereist. Er sagte: „Herr Johl, wir freuen uns, dass wir Sie als Kunden haben und möchten Ihnen nun die höchste Auszeichnung überreichen, die ein Ferrari-Fahrer bekommen kann." Darauf wurde mir feierlich ein Cavallino (Pferdchen) auf einem Carrara-Marmor-Sockel mit meinem Namen eingraviert überreicht. Nicht viele Leute haben dies bekommen. Ich war davon total freudig überrascht.

Unter anderem hatte ich den dritten je gebauten F40 besessen. Der beste Mechaniker von Auto Becker aus Düsseldorf, Herr Werner Schwertfeger, kam meistens zu mir, um meine Fahrzeuge zu warten. Den F40, aber auch den 288 GTO und den Lamborghini Miura hat er auch gleich eingestellt. Ich war immer darauf bedacht, dass meine Autos nicht in den Regen kamen, daher habe ich immer auf den Wetterbericht geschaut, wenn ich mal selbst nach Düsseldorf fuhr. Ich habe nie mehr als drei Autos gleichzeitig besitzen wollen. Selbst bei dreien fiel die Auswahl schon schwer, welches man nehmen sollte.

Einmal im Leben wollte ich meinen Geburtstag richtig feiern. Ich habe nämlich am 31. Dezember Geburtstag, und da hat keiner Zeit, also legte ich den Geburtstag um vier Wochen vor. Und anstatt an einem Tag feierte ich drei Tage lang. Wir sind mit 120 Leuten nach Bologna geflogen. Wir wurden in Bussen abgeholt und sind dann zu Ferrari. Mittagessen hatten wir anschließend im Cavallino, gegenüber dem Werkseingang der Ferrari-Fabrik. Von Jean Alesi und Stefan Johansson bekam ich jeweils einen Rennoverall samt Helm geschenkt. Nach dem Mittagessen sind wir auf die drei Kilometer entfernte Rennstrecke in Fiorano gegangen. Dort standen zwölf Ferrari F40. Die zwölf Testfahrer fuhren dann mit interessierten Gästen über die Rennstrecke. Auf der Geraden ist Höchstgeschwindigkeit möglich. Durch die starke Beschleunigung, das abrupte Bremsen und die Kurven wurde vielen das Essen im Magen herumgeschleudert. Einige waren grün im Gesicht und mussten sich schließlich übergeben.«

Noch mehr Erfolg hat Ferrari allerdings mit dem Bau von Straßensportwagen – unterstützt von den Rennerfolgen, die dem Team und ihm Piloten wie Phil Hill oder Niki Lauda bescheren. Binnen weniger Jahre entwickelt sich die Marke zu einem weltweiten exklusiven Verkaufsschlager, und Ferrari verdient ein Vermögen. Er versorgt die Großindustriellen in Italiens Norden mit seinen Wagen, die aristokratischen Großgrundbesitzer im Süden des Landes, Künstler und Filmschauspieler und schließlich Berühmtheiten in der ganzen Welt. Über seine Kunden sagt Enzo Ferrari: *„Es gibt nicht viele Menschen, die sich einen Ferrari leisten können. Auf die, die es können, müssen wir deshalb gut Acht geben."* Vom einfachen Arbeiter- und Bauernsohn zum berühmtesten Sportwagenkonstrukteur aller Zeiten – seine Lebensgeschichte gleicht einem Filmdrehbuch. Insbesondere Amerika wird zu einem der wichtigsten Exportländer, dessen Markt sich Ferrari jedoch ab den 1960er-Jahren mit den Autos von Ferruccio Lamborghini teilen muss.

Ein unschönes Kapitel in der Firmengeschichte ist eine Palastrevolution im Hause Ferrari im Herbst 1961. Auslöser ist ein Konflikt zwischen Ferraris Ehefrau Laura und Girolamo Giradini, dem Vertriebsleiter. Laura mischt sich immer öfter in die Verkaufsstrategien und Angelegenheiten der Rennmannschaft von Ferrari ein. Und sie stellt immer wieder die Kompetenz der Renntechniker infrage. Nach einem heftigen Streit mit dem Ehepaar Enzo und Laura Ferrari wird Giradini schließlich entlassen. Aus Solidarität zu ihrem Chef nehmen auch weitere Schlüsselfiguren bei Ferrari ihren Hut. Darunter der Direktor der Prototypenentwicklung Giotto Bizzarrini, der Entwicklungschef Carlo Chiti, der Rennleiter Romolo Tavoni. Vor allem Bizzarrini und Chiti stellen herbe Verluste für Ferrari dar. Beide beiden Herren haben maßgeblich zur Entwicklung des 250 SWB und des 250 GTO beigetragen. Nun ärgern sie Ferrari von der Konkurrenz aus: Chiti bei Alfa Romeo und mit Autodelta, Bizzarrini bei A.T.S., Iso und Lamborghini.

Ungeachtet dessen nimmt in den 1960er-Jahren die Erfolgsgeschichte von Ferrari trotzdem weiter ihren Lauf – mit Modellen wie dem 250 GTO, dem 250 LM sowie dem 275 GTB/4. Ihre Fortsetzung findet sie 1968 mit einem weiteren Triumph: Ferrari stellt den sagenhaften 365 GTB/4 vor; eher bekannt unter der geläufigeren Bezeichnung Daytona. Die Ferrari-Modelle 365 GTB/4 Daytona und 246 GT Dino zählen sicher zu den berühmtesten und charismatischsten Ferraris aller Zeiten und zweifellos zu den schönsten Autos der gesamten Modellpalette. Sie sind Drama, Leidenschaft und Begierde – eben alles, was Ferrari ausmacht. Doch sie unterscheiden sich fundamental:

Beim Dino handelt es sich um einen Sechszylinder, der Daytona hat mit seinen zwölf Zylindern da gleich die doppelte Anzahl vorzuweisen. Dem Frontmotorkonzept des Daytona steht der Mittelheckmotor des Dino gegenüber. Das Armaturenbrett mit den acht Anzeigeinstrumenten, die den Fahrer über die momentane Befindlichkeit des Motors informieren, stammt aus demselben Baukasten. Doch nicht zuletzt liegt auch im Preis ein gravierender Unterschied: Der Daytona kostet etwa das Doppelte seines kleinen Bruders.

Der Dino ist flink, sieht äußerst anziehend aus, hat erstklassige Fahreigenschaften – und das gewisse Etwas. Die weit außen positionierten Frontscheinwerfer wirken für den Vorausfahrenden im Rückblickspiegel wie die Augen einer angreifenden Schlange. Der Klang des drehwilligen Sechszylinders klingt wie ein Konzert in allen Tonlagen, und die Geräuschkulisse wird bald so intensiv, dass man dem Motor ganz automatisch das Wort überlässt. Der Redakteur Etienne Cornil hält nach einer Probefahrt im Dino fest: „*So wie der Motor des Dino anspringt, lässt er keinen Zweifel an seiner Herkunft. Er spricht dieselbe temperamentvolle Sprache mit dem typisch latinischen Tonfall wie seine Vorgänger. Trotz der wenig günstigen Lage des Motors direkt hinter den Sitzen deutet sich seine Anwesenheit wider Erwarten nur diskret an. Die mechanischen Geräusche, besonders des Ventiltriebs und der Kraftübertragung, welche Triebwerke dieser Art unabhängig von ihrer Lage sehr vernehmlich abzugeben pflegen, sind im Dino kaum wahrzunehmen."*

Der Daytona hingegen besitzt – neben der fantastischen Motorleistung – das, was jedermann liebt: die lange Motorhaube, welche die Ausmaße einer Tischtennisplatte besitzt, und ein kurzes Kammheck. Die funktionalen und aggressiven Linien des Daytona sehen auch heute noch hinreißend aus, wenngleich sein Gewicht von 1,8 Tonnen und das Treten der brettharten Kupplung eher einem Lastwagen gleichkommen. Doch seine Silhouette unterscheidet sich deutlich von der eines Dreiachs-Betonmischers. Der Innenraum ist auf zwei Insassen zugeschnitten, die in zwei Sitzschalen mit atmungsaktivem Lederbezug Platz nehmen. Das Lederlenkrad hat den Umfang einer *Pizza familiare*. Der lange, verchromte Schaltstock, an dessen oberem Ende eine schwarze Kugel sitzt, mündet in die offene Fünf-Gang-Kulisse. Wer sich vor dem Start mit den technischen Eckdaten des kompakten Kraftpakets vertraut macht, sieht der Fahrt mit Respekt und Spannung entgegen. Das Triebwerk des Ferraris wird ganz konservativ mit einem Zündschlüssel gestartet. Doch sobald dieser Vorgang beendet ist, verlässt der Fahrer die vertraute Welt der Autofahrer. Alles ist anders.

Der Daytona ist eigentlich ein Rennwagen im Tourenkleid. Er sieht so aus, als wolle er seinen Widersacher, den Miura von

Lamborghini, in Stücke reißen. Ein Journalist formulierte es seinerzeit so: *„Da steht er nun vor mir, schnurrend, und ich betrachte ihn. Ich achte nicht auf seine Schönheit, nicht auf seine Proportionen. Die Wildheit, die in ihm steckt, beunruhigt mich. Ich setze mich ans Steuer. Der linke Fuß kämpft die Kupplung nieder. Der Pedalweg ist ungeheuer lang. Zehntelsekunden nur, dann reißt der fragile Anlasser den V12 an. Der braucht ein paar große Schlucke Hochoktaniges, um seinen nervösen, vom Ventilrasseln begleitenden Leerlauf zu beruhigen. Auf Pedaldruck stehen mir 352 PS zur Verfügung. Der Wagen wiegt 1.800 kg. Die Fahrt geht los. Die großvolumige V-12 Maschine liegt vor mir. Über ihr wölbt sich die Motorhaube so stark, dass sie mir fast die Sicht nimmt, besonders im Stadtverkehr. Die Seiten sind übersichtlich, das Heck ist es nicht. Das Gaspedal sitzt genau an der richtigen Stelle. Der Motor dreht regelmäßig, im Leerlauf nicht einmal 1.000 Touren. Ich erreiche die Autobahn. Erst hier lernt man das Raubtier so richtig kennen. Ich bremse, ziehe sachte den Schalthebel durch die offene Kulisse nach unten links und schalte bei 40 km/h abrupt in den ersten Gang. Los geht's! Der V12 brodelt los, die Kupplung greift, der Daytona zieht an. Laut Drehzahlmesser stehen mir 7.600 Touren zu. Im ersten Gang ist der Schub brutal. Bei 95 km/h schalte ich in den Zweiten. Mein Rücken wird immer noch hart gegen die Lehne gedrückt, wobei jede Bodenwelle ungefiltert in meinen Rücken knallt. Bei 130 km/h weiter in den Dritten. Meine Hand ist immer noch am Schalthebel. Ich muss mich darauf konzentrieren, dass die Gänge sauber klackend einrasten. Bis 6.000 Touren röhrt der Motor, danach geht der 12-Zylinder zum Kampfgebrüll über – metallisch und vibrierend. Bei 170 km/h ist es Zeit für den Vierten ... die Straße fliegt auf mich zu, schneller und schneller. Ich warte auf den Augenblick, in dem der Wagen unruhig wird. 220, 230, 240 ... ich schalte in den Fünf-*

ten … die Beschleunigung ist immer noch deutlich spürbar. Die Fahrt wird immer schneller, doch der Wagen liegt wie ein Brett. Ich schaue abwechselnd auf den schwankenden Horizont und die Tachonadel, die weiter steigt … 250, 260, 270. Da ist etwas am Ende der Straße … eine Gruppe von Lastwagen!!! Runter vom Gas … die Schnauze des Daytona neigt sich und ich stehe voll auf der Bremse. Das erfordert Kraft. Mit dem Lenkrad muss leicht korrigiert werden; 240, Kupplung treten und zurück in den Vierten, wieder bremsen, 180, in den Dritten, noch stärker hineinsteigen, 120, in den Zweiten. Ich bin ins Reich der Menschen zurückgekehrt und werde wohl nie die Grenzen des Daytona voll ausloten können. Als ich anfing zu bremsen, war ich im fünften Gang bei 6.600 Touren angelangt. Die Werksangabe lautet 280 km/h bei 7.350 Umdrehungen. Das klingt durchaus realistisch.“

Der Daytona brilliert durch seine Bodenhaftung. Antonio Cocozza, der für die technische Entwicklung des Daytona verantwortlich war, verunglückt tragischerweise tödlich bei einer Testfahrt in diesem Wagen. Als man ihn findet, hält er eine schwarze Kugel in der Hand: den Knauf des Schalthebels, so die Legende. Der 365 GTB/4 Daytona ist Enzo Ferraris Antwort auf Ferruccio Lamborghinis Miura. Die Zahl 365 gibt hierbei den Inhalt eines Zylinders an, die Abkürzung GT steht für Gran Turismo, der Buchstabe B für Berlinetta und die Zahl 4 schließlich für die Anzahl der Nockenwellen. Dem ewigen Vergleich der beiden Dauerrivalen, welches denn nun das bessere Auto sei, setzte das Automagazin *Road & Track* einen Schlussstrich und behauptete: *„The fastest and the best GT is not necessarily the most exotic.“* Man spricht sich hier klar für den Ferrari aus. Trotzdem polarisieren die Meinungen, welcher denn nun der bessere Wagen von beiden sei.

Man wirft Ferrari vor, mit dem konservativen Frontmotor an einem überholten Konzept festzuhalten und schlecht auf den Miura gekontert zu haben. Der Miura hingegen trumpft mit seinem exotischen V12-Mittelmotor vor der Hinterachse auf. Vielleicht bleibt Ferrari zu dieser Zeit nur beim Frontmotorkonzept, um Ferruccio Lamborghini nicht den Triumph zu gönnen, er habe es nötig, seine Ideen zu übernehmen. Als die ersten Miura S das Werk im Mai 1969 verlassen, ist der Daytona dem Publikum bereits vorgestellt worden. Konzeptionell ist der Daytona aber bereits bei seinem Erscheinen ein Oldtimer. Somit gehört dem Miura die Zukunft.

Armin Johl über Lamborghini MIURA vs. Ferrari DAYTONA

»Ich besaß Anfang der 1970er-Jahre einen Lamborghini Miura SV und zur selben Zeit einen Ferrari 365 GTB/4 Daytona. Als Ferraristi muss man aber ehrlich sagen, dass der Miura seiner Zeit voraus war. Er besaß neben seiner unglaublichen Optik bereits einen Mittelmotor, im Gegensatz zum Frontmotor des Daytona. Der größte Unterschied zeigte sich beim Fahren. Der Miura war wesentlich quirliger und wendiger durch den Mittelmotor, und die Kupplung ließ sich leicht treten. Es war ein Genuss, mit ihm auf den kurvenreichen Strecken des Taunus zu fahren. Der Daytona war zweifellos auch ein optisch sehr gelungenes Auto. Besonders sein Heck hatte etwas Besonderes. Das größte Manko am Daytona war für mich seine Kupplung. Fuhr ich längere Strecken, krampfte oft meine linke Wade, denn die Kupplung verlangte sehr viel Kraft beim Treten, was schon einem Lkw nahe kam. Allerdings hatte ich mit beiden Autos nie irgendwelche Probleme. Sie waren beide stets sehr zuverlässig. Ich wusste jedoch auch entsprechend mit ihnen umzugehen, das heißt, sie mussten zunächst behutsam warmgefahren werden.

Obwohl der Miura nur ganze 106 Zentimeter hoch ist, gestaltet sich der Einstieg ins Cockpit dank der großen, sich weit öffnenden Türen recht einfach. Innen liegt man allerdings mehr, als man sitzt. Wer eine gewöhnlich Sitzposition gewohnt ist, der braucht einige Zeit zur Umstellung. Um den kalten Zwölfzylinder zu starten, drückt man das Gaspedal erst zwei- bis dreimal durch, der Motor kommt dann sofort und verfällt in einen tief grummelnden Leerlauf. Der Miura besitzt eine offene Schaltkulisse. Die Gangwechsel verlangen eine starke Hand. Die Wege sind lang. Wer beim Schalten Probleme hat und zu langsam ist, dem fallen die Drehzahlen stark ab. Die Lenkung ist angenehm direkt ausgelegt, aber etwas schwergängig. Den Miura bei niedrigem Tempo zu manövrieren ist Schwerstarbeit. Der großen Kraft entsprechend ist der Miura mit starken Bremsen gesegnet. Seinem satten Auspuffton entkommt man nicht. Der wird von den mechanischen Geräuschen, die man von einem Hochleistungsmotor mit vier kettengesteuerten Nockenwellen kennt, begleitet. Den Miura zu fahren ist aufregend und macht irrsinnig viel Spaß.«

Die Konkurrenz zu Lamborghini ist legendär. Enzo Ferrari ist kein einfacher Mensch. Bei Mitarbeitern und Kollegen ist „der Alte" stets gefürchtet. Auch die Tatsache, dass man ihn oft nur *„il commendatore"* nennt – übrigens einer der häufigsten italienischen Verdienstorden –, spielt ein wenig auf diesen Umstand an. Beispielhaft ist die Geschichte mit Lamborghini: Anfang der 1960er-Jahre schließt Enzo Bekanntschaft mit dem ganz in der Nähe wohnenden Traktorenhersteller Ferruccio Lamborghini. Der mag zwar die Autos von Enzo, schlägt ihm aber ein paar Konstruktionsänderungen vor und wird daraufhin vom damals schon legendären Rennfahrer und Autobauer so heftig abgebürstet, dass er schließlich den Entschluss fasst, selbst Sportwagen zu bauen. Und so beginnt Ferruccio Lamborghini ab 1963 selbst, schnelle Autos zu bauen, und macht Ferrari so erbittert Konkurrenz. Aber auch von anderen Serienfahrzeugherstellern wie Porsche, Maserati, Jaguar und Aston Martin bekommt Ferrari verstärkt Konkurrenz. Schwierige Zeiten zeichnen sich für Enzo Ferrari aber auch in der Formel 1 ab. Häufige Änderungen der Regelwerke durch die Motorsportbehörde in Paris kommen die Hersteller und Teams teuer zu stehen.

Henry Ford II. bietet seine tröstende Schulter zum Anlehnen an und ist bereit, Ferrari für die ganze Firma die seinerzeit unglaubliche Summe von 18 Millionen Dollar zu zahlen. Ford will aus der Automanufaktur einen Weltkonzern machen und liebäugelt mit der Übernahme des Sportwagenherstellers. Außerdem hat man genug von der jahrelangen Vorherrschaft des Le-Mans-Seriensiegers Ferrari. Verträge werden aufgesetzt, Anwälte engagiert. Doch Enzo Ferrari zieht kurzerhand die Reißleine und bricht 1963 alle Verhandlungen ab, denn die Amerikaner behalten sich vor, in Enzos ureigensten Rosengarten – die Rennsportabteilung – hineinzuregieren. Dieser bekommt nun den unmittelbaren Zorn der Amerikaner in Gestalt des Ford GT40 zu spüren. Vier Jahre – von 1966 bis 1969 – hält schließlich die Ford-Vorherrschaft im französischen Le Mans an.

Die Turbulenzen und finanziellen Nöte bleiben und münden 1969 schließlich in Ferraris Canossagang ins Turiner Fiat-Hauptquartier, wo er einem aufgeräumten Gianni Agnelli die Hälfte der Firmenanteile überantwortet. Enzo Ferrari verlässt die Chefetage im achten Stock dennoch guten Mutes, da er nun die Kontinuität seines Lebenswerks als gesichert ansieht. Als künftiger Ehrenvorsitzender kann er weiter wie bisher nach Herzenslust schalten und walten. Ferrari erlebt trotzdem eine schwierige erste Hälfte der 1970er-Jahre. Als Folge der weltweiten Ölkrise 1973 bricht der Markt für Luxusautos ein. Für die Formel 1 hat man kein wettbewerbsfähiges Auto. Doch Mitte der 1970er-Jahre beginnt ein fast kontinuierlicher Aufschwung, der durch die 1984er-Modelle Testarossa und den 288 GTO einen zwischenzeitlichen Höhepunkt erfährt.

Bis zuletzt kommt in der *Scuderia Ferrari* und im Werk von Maranello niemand am großen Chef vorbei. Zähneknirschend muss Enzo Ferrari mit ansehen, wie sich der Fiat-Konzern 1985 einen großen Teil der Ferrari-Aktien und damit die Mehrheitsbeteiligung an Ferrari kauft. Doch er bleibt weiterhin der Herr im Haus – mit allen Konsequenzen. Als es in der

Formel 1 darum geht, mit Tabakwerbung auf den Rennwagen zusätzliches Geld zu verdienen, sperrt sich der Firmenpatriarch mit den Worten: *„Ein Ferrari raucht nicht."* Enzo Ferraris öffentliche Auftritte sind zumeist perfekt inszenierte Ereignisse, die nur einem Zweck dienen: das Image des bedeutenden Mannes vorteilhaft zur Geltung zu bringen. Er ist eine starke Persönlichkeit und absolut von seiner Fähigkeit überzeugt, die Meute der ehrfürchtigen Kunden, diensteifrigen Lieferanten, zuweilen hartnäckigen Journalisten und neugierigen Fans fest im Griff zu haben. Seine alljährlichen Pressekonferenzen sind Meetings mit einem Monument. Sie sind so heiß begehrt wie Audienzen beim Papst. Hier liefert er sich mit der launenhaften, oft streitsüchtigen italienischen Sportpresse Wortgefechte. Und falls Enzo einmal einen Reporter persönlich mit Handschlag begrüßt, steht dieses Gefühl einer Heiligsprechung wohl in nichts nach. Termine unter vier Augen bei ihm haben Audienzcharakter. Ungeliebte Prominenz hält Ferrari auf Distanz – mit der simplen pädagogischen Praktik des Wartenlassens.

Seine wahren Freunde lassen sich an den Fingern einer Hand abzählen. Dazu zählen vor allem einige langjährige, absolut loyale Mitarbeiter wie Luigi Chinetti, der aber einmal feststellte: *„Ich glaube nicht, dass er überhaupt jemanden mochte."* Außerhalb dieses vertrauten Kreises verhält er sich feudal und unnahbar. Seine chamäleonhafte Persönlichkeit ist legendär. Er besitzt die Gabe, Presse und Öffentlichkeit zu dirigieren, perfekt auf sein Publikum zugeschnittene Ansichten kunstvoll und blumig zu artikulieren, den liebenswerten, am Hungertuch nagenden Patriarchen zu spielen – und im nächsten Moment den rücksichtslosen und egomanischen Despoten. Dies alles – wie auch die manchmal aberwitzige Firmenpolitik – gleicht einem Kasperltheater.

Enzo Ferrari ist hart und unnachgiebig, ein klassischer Italiener, der sich auch leicht dazu hinreißen lässt, eine freundschaftliche Beziehung mit wüsten Angebereien, hässlichen Beleidigungen und schamlosen Lügen zu sprengen. Geschäftliche Verhandlungen mit ihm sind oft ein ausgekochtes, endloses Drama, mit kunstvollen Strategien, ausgesetzten Vereinbarungen, ungezügelten Wutausbrüchen, opernhaften Klagen über drohenden Bankrott, gesellschaftlichen Ruin, Familienschande, unheilbare Krankheit und gewaltsamen Tod. In dieser Atmosphäre blüht Ferrari auf, und seine Widersacher lernen, entweder zu überleben, oder werden einfach kurzerhand vernichtet.

Es ist kein Zufall, dass dieser im Grunde einfache Mann aus Modena für seine treuen Anhänger in aller Welt ein nahezu übermenschliches Format darstellt. Enzo Ferrari ist von bemerkenswerter Bodenständigkeit. Sein Leben lang bleibt er dem magischen Dreieck zwischen Modena, Maranello und Fiorano, gewissermaßen einem weltlichen Vatikan, verhaftet. Rund 80.000 Autos hat das Genie aus Maranello in 50 Jahren gebaut. Seine ungeheure Kontinuität im Kreativen und seine Ruhelosigkeit im Schöpferischen hat kein anderer Autobauer dieses Jahrhunderts aufzuweisen.

Mit zunehmendem Alter zieht sich der *„Papst des Nordens“*, wie er oft genannt wird, immer mehr zurück, seine hoheitsvolle Aura wird dadurch nur noch verstärkt. *„Ein Mann ist alt, wenn er morgens ohne einen Wunsch aufwacht“*, philosophierte Enzo Ferrari in diesem Zusammenhang.

„Ich nähere mich der Ziellinie", sagt Ferrari anlässlich des 40-jährigen Firmenjubiläums - und seine Zuhörer sind gerührt. Zu diesem Anlass wird die neueste Kreation von ihm persönlich am 12. Juli 1987 präsentiert: der legendäre Ferrari F40, der mit zu den erregendsten Aussagen zählt, die jemals zum Thema Automobil gemacht wurden. Enzo Ferrari bezeichnet ihn *„als Sportwagen, der in die Fußstapfen des 250 GTO und des Le Mans tritt."*

Nur ein Jahr später, am 14. August 1988, verstirbt der große alte Mann des Motorsports in seiner Geburtsstadt Modena. Nur wenige Wochen nachdem er endgültig die Kontrolle über seine *Scuderia Ferrari* aus der Hand gegeben hat. Sein Tod wird der Öffentlichkeit erst zwei Tage nach seinem Hinscheiden bekannt gemacht. Eine Parallele zu seiner Geburt. Um seinen Tod ranken sich wilde Verschwörungstheorien. Im gleichen Jahr erhöht Fiat seinen Aktienanteil im Unternehmen auf 90 Prozent. Der Turiner Autokonzern hält die Legende Ferrari immer in Ehren. Man arbeitet die nächsten beiden Jahrzehnte in Maranello weitgehend unabhängig vom Mutterkonzern - und das mit großem Erfolg, vor allem in der Formel 1. Hier gewinnt Ferrari wieder Weltmeisterschaften!

Solange die Marke Ferrari existiert, wird auch ihr Gründer nicht in Vergessenheit geraten. Das vielleicht schönste Geschenk machte man ihm und seinem Sohn im italienischen Imola: Die berühmte Grand-Prix-Rennstrecke bekommt den Namen *Autodromo Enzo e Dino Ferrari*. Ferrari selbst war in seinen letzten 30 Jahren bei keinem einzigen Autorennen mehr persönlich anwesend. Er war schon zu Lebzeiten eine Legende. Die Formel 1 wäre ohne seine Autos fast undenkbar:

Enzo Ferrari ist ein Motorsportpionier. Und er hat der Nachwelt eine Automarke hinterlassen, die wie kaum eine andere für höchste Design- und Ingenieurskunst steht.

Der *Commendatore* ruht auf dem Friedhof San Cattaldo in einer standesgemäßen pompösen Marmorgruft. Sein Credo drückte er zu Lebzeiten wie folgt aus: *„Du musst kontinuierlich arbeiten, sonst musst du dir über den Tod Gedanken machen."* Der nach Enzo Ferraris Tod befürchtete Einbruch bleibt aus – im Gegenteil: Angeheizt durch Spekulanten, eskalieren die Preise für alles, auf dem der Schriftzug Ferrari steht, ins Irrsinnige. Doch ebenso schnell beruhigt und normalisiert sich der Markt Anfang der 1990er-Jahre wieder. Ganz sicher hätte sich Enzo Ferrari darüber noch gefreut – auch wenn er sicher etwas am Fiat-Schriftzug auszusetzen gehabt hätte, der auf den roten Formel-1-Rennern aus Maranello prangt. Doch so etwas wie eine Feindschaft zwischen Fiat und Ferrari zu konstruieren, wäre wohl eher an den Haaren herbeigezogen, denn der *Commendatore* war privat oft selbst mit Autos aus Turin unterwegs. Die eigenen Wagen durfte er angeblich ab einem bestimmten Alter nicht mehr fahren, denn sie sind zu schnell für ihn geworden. Aber Enzo fuhr auch nur selten eines seiner eigenen Autos: *„Ich kann mir das nicht leisten"*, kokettierte er gerne. Dafür bewegt er in Modena und Maranello über Jahrzehnte ein Motorrad der englischen Marke Rudge.

Giovanni Agnelli, der große Mann von Fiat, der Ferrari 1969 vor dem Bankrott rettet und die Hälfte der Anteile der Firma kauft, äußert sich nach dem Tod wie folgt über den *Commendatore*: *„Enzo Ferrari ist es gelungen, seine außerordentlich starke Persönlichkeit auf sein Werk zu übertragen: Seine Autos sind* *aufgrund der Eleganz und des Stylings und der kraftvollen Stärke ihrer Motoren weltweit einzigartig in der Autoproduktion. Der Wille zu siegen und aufzufallen ist mit Sicherheit die treibende Kraft eines jeden Autos mit dem steigenden Rappen. Enzo Ferrari hat sich die Mitarbeit hervorragender Designer – an erster Stelle die von Pininfarina – zunutze gemacht, die es verstanden haben, seine Vorstellung vom Auto zu verwirklichen. Er verstand es, seiner Vorstellung vom Auto Gestalt zu verleihen und es zum ‚Kunstwerk' zu erheben."*

In einem anderen Nachruf ist zu lesen: *„Immer stand Ferrari auf der Pole Position: als Rennfahrer, Teamchef, Produzent von Prestigeautos und Rennwagen – und als Agitator von Menschen und Ideen."* Selten gibt es einen so charismatischen Konstrukteur wie das Allroundtalent Ferrari. Im Alter wird er zur grauen Eminenz – eine imposante Erscheinung mit markanten Gesichtszügen, kräftiger tiefer Stimme und immer stilvoller Sonnenbrille auf der Nase. Ein einfacher Chef ist er nicht gewesen, denn wer dem *Commendatore* ohne gute Gründe widersprach, konnte schon mal den Zorn Gottes auf sich ziehen. Mauro Forghieri, während vieler Jahre Chefkonstrukteur bei Ferrari, sagte einmal über seinen Chef: *„Als Konstrukteur ist er ein Genie, als Mensch eine Null."*

Ferrari philosophierte einmal: *„Wie ich in Erinnerung behalten werden will? Ich würde Schweigen vorziehen."* Drei Wochen nach Enzo Ferraris Begräbnis kommt der Formel-1-Zirkus wieder in Monza zum Großen Preis von Italien zusammen. Die McLaren-Hondas sind zu dieser Zeit unschlagbar, und die beiden Ferraris von Gerhard Berger und Michele Alboreto sind beim letzten Grand Prix in Spa in Belgien wieder einmal ausgefallen. Selbst die zahllosen eingefleischten, fanatischen Ferrari-Fans rechnen beim Heim-Grand-Prix in Italien mit einer weiteren Niederlage der Roten. Doch das Rennen entwickelt sich anders: Nachdem der Franzose Alain Prost wegen technischer Probleme ausfällt, geht der Brasilianer Ayrton Senna unangefochten in Führung. Der impulsive Brasilianer touchiert jedoch beim Überholen den französischen Nachzügler Jean-Louis Schlesser und kommt von der Strecke ab. Gerhard Berger setzt sich durch diese Verkettung unglücklicher Umstände an die Spitze des Feldes und siegt schließlich vor seinem Teamkollegen Alboreto. Was für ein bewegender und wundersamer Ferrari-Sieg auf heimischem Boden! Die brodelnden Massen sind in diesem kurzen und berauschenden Augenblick fest davon überzeugt, eine Wiederauferstehung miterlebt zu haben.

Das McLaren-Honda-Team ist in dieser Saison ansonsten nie auch nur annähernd gefährdet, geschweige denn geschlagen worden. Auch in den beiden folgenden Jahren beherrscht es überlegen die Formel 1.

BRAZILIAN GRAND PRIX
Interlagos –October 22nd 2006

Dear Armin,

Many thanks for your message after this last race of the season.

In Brazil Ferrari proved to be far too strong, with Felipe winning his home Grand Prix and Micheal ending up fourth after a terrific race.

However, despite this year's nine victories, we did not manage to achieve our aims in any of the two titles.

Micheal's farewell now closes a chapter in the history of Ferrari and we will make every effort to begin the new season in the best possible way.

Best regards

Brief von Jean Todt an Armin Johl nach Michael Schumachers letztem Rennen für Ferrari 2006.

3

MASERATI

VORNEHME ARISTOKRATIE – DIE ETWAS ANDEREN SPORTWAGEN

»Maserati-Fahrer
sind besondere Menschen,
sie haben etwas feinere
Geschmacksnerven«,

stellt der Gründer des deutschen Maserati-Biturbo-Clubs fest.

Die luxuriöse Seele eines Maserati erkennt man auf Anhieb an dem angenehmen Duft von feinem Leder und dem warmen Glanz von edlem Holz, mit denen das Interieur der Fahrzeuge ausgestattet ist. Stil und Eleganz spiegeln sich seit jeher in jedem noch so kleinen Detail wider. Jeder, der einen Maserati kaufen möchte, hat schon immer vielfältige Möglichkeiten zur Personalisierung seines Fahrzeugs gehabt. Im Ergebnis stellt jeder Maserati, der das Werk in Modena verlässt, ein einzigartiges Automobil dar, das dem Kenner das exklusive Gefühl vermittelt, etwas Besonderes zu besitzen, um damit die eigene Individualität zum Ausdruck bringen zu können.

Die Marke Maserati steht seit ihrer Gründung für das Besondere. Das gilt nicht nur für die Fahrzeuge, ihr Design, ihre Technik und ihr Interieur, sondern auch für die eigene Firmengeschichte, die alles andere als gewöhnlich ist. Es ist die Geschichte vom mutigen Streben nach Geschwindigkeit, Innovation und Erfolg. Die Marke Maserati unterscheidet sich von den Marken Lamborghini und Ferrari: Sie ist älter und aristokratischer als Ferrari, feiner und vornehmer als Lamborghini. Maserati wird zwar stets von Ferrari überschattet, musste sich aber niemals verstecken. Der Schauspieler und Maserati-Fahrer Peter Ustinov bringt es auf den Punkt, wenn er sagt, dass ihn das nervöse Motorengeräusch eines Ferraris unangenehmerweise *„an den Bohrer meines Zahnarztes“* erinnert.

Maserati entwickelt starke und schnelle Automobile, doch man verzichtet stets auf Effekthascherei und das Motoren-Wettrüsten. Sicher ein Grund, weshalb Maserati meist im

Schatten von Ferrari steht. Die Fahrzeuge werden zudem überwiegend in dezenteren Farben wie Blau und Silber verkauft. Sie besitzen einen eigenwilligen Reiz und sind von einem diskreten Charme, auf den nicht jeder auf den ersten Blick hereinfällt. Maserati steht für elegante Karosserien, für opulent ausstaffierte Cockpits und kernig klingende Motoren. Auch wenn Kritiker immer wieder die Schwerfälligkeit im Anzug und die mangelnde Bissigkeit der Motoren sowie die zu geringe Endgeschwindigkeit der Fahrzeuge bemängeln. Maserati zeigt über die Jahrzehnte stilistisch wie technisch große Vielfalt.

Vor vielen Jahren leben in Italien sechs Brüder. Sie sind alle Künstler, und ihr Name ist Maserati. Einer von ihnen, Mario, arbeitet mit Farbe und Leinwand. Die anderen fünf fertigen Dinge aus Metall. Es sind feine Dinge mit feinen Motoren darin. Die Geschichte der Marke Maserati ist verschachtelt. Sie beginnt im Jahr 1926. Die ihrer Begründer wesentlich früher: In den Jahren 1881, 1883, 1885, 1887, 1890, 1894 und 1898, während der Zeit der italienischen Monarchie, bringt Carolina Losi ihrem Mann, dem Lokomotivführer Rodolfo Maserati, sieben Söhne zur Welt. Zur Jahrhundertwende ist ihre Familienplanung abgeschlossen. Der im Jahr 1885 geborene Alfieri verstirbt nur wenige Monate nach seiner Geburt. Die sechs Brüder Carlo, Bindo, Alfieri – er bekommt den Namen seines verstorbenen Bruders –, Mario, Ettore und Ernesto wachsen bei Voghera in der Provinz Pavia auf. Als der Älteste Carlo seine berufliche Laufbahn startet, ist sein jüngster Bruder Ernesto noch ein Kleinkind.

Mag es der technische Beruf des Vaters oder die angeborene Begabung für das Verständnis technischer Zusammenhänge gewesen sein: Alle Brüder – mit Ausnahme des Malers Mario – begeistern sich für Technik . Mario ist der Einzige der *Fratelli Maserati*, der nicht der großen Leidenschaft für Motoren, hohe Geschwindigkeiten und dem Automobilbau verfällt. Trotzdem leistet er einen wichtigen Beitrag für die Marke. Mario gestaltet im Jahr 1925 das Firmenlogo des italienischen Sportwagenherstellers: den *Tridente*. Im Zeichen des Dreizacks – der dem berühmten Neptunbrunnen auf der Piazza del Nettuno ihrer Heimatstadt Bologna nachempfunden ist – werden seither exklusive Fahrzeuge produziert, die gekonnt Sportlichkeit und Eleganz vereinen. Der *Tridente* steht als Symbol für Stärke und Vitalität. Auch die Farben Rot und Blau des Banners der Stadt Bologna werden übernommen. Bis heute sind es die Farben von Maserati.

Der Drittgeborene Alfieri geht als wegweisender Konstrukteur und begnadeter Rennfahrer in die Automobilgeschichte ein. Und als die treibende Kraft bei der Gründung der Marke Maserati. Alfieri teilt mit seinen beiden älteren Brüdern Carlo und Bindo sowie den beiden jüngeren Geschwistern Ettore und Ernesto schon früh die Begeisterung für Technik. Der Vater ist Lokomotivführer bei der Niederlassung der italienischen Eisenbahn in Piacenza. Die Dampfmaschinen faszinieren den jungen Alfieri. Genauso wie die Motoren, die sein ältester Bruder Carlo entwickelt. Bereits im Alter von 17 Jahren konstruiert er seinen ersten Einzylindermotor. Am 2. Juli 1900 nimmt Carlo Maserati mit seinem Motorfahrrad an dem Rennen Padua-Bovolenta teil. Er erzielt einen respektablen sechsten Platz. Vor ihm kommen unter anderem zwei

Teilnehmer ins Ziel, die in der Automobilgeschichte noch eine wichtige Rolle spielen werden: Ettore Bugatti und Vincenzo Lancia. Dank der späteren Fürsprache von Fiat-Cheftestfahrer Vincenzo Lancia erhält Carlo nach der Jahrhundertwende eine Anstellung bei der jungen Turiner Firma. Hier entwirft er einen neuen Motor und avanciert schließlich zum Chef der Entwicklungsabteilung.

Zu Beginn des 20. Jahrhunderts sind Motoren alles andere als zuverlässig. Die meisten Fehlfunktionen sind durch die Elektrik bedingt. Carlo Maserati verändert die Spannung und eliminiert so Zündfehler in den Verbrennungskammern seiner Motoren. Dies erhöht die Zuverlässigkeit der Motoren beträchtlich und sorgt für eine höhere und kontinuierlichere Leistungsabgabe der Aggregate. Doch Carlo Maserati hat Größeres vor. Zunächst wechselt er in die Testabteilung von *Isotta Fraschini* und nimmt seinen erst 16-jährgen Bruder Alfieri gleich mit. Während Carlo nach vier Jahren Isotta wieder verlässt, um nach Gastspielen bei Bianchi und bei Junior schließlich mit seiner eigenen Firma einen Flugzeugmotor zu konstruieren, bleibt Alfieri Isotta treu.

Alfieri nimmt erfolgreich am Grand Prix des Voiturette im französischen Dieppe teil. Dort schneidet er als schnellster Fahrer der Vierzylinder-Wagen ab. Die Zusammenarbeit mit Alfieri Maserati wird für *Isotta Fraschini* in den kommenden Jahren sehr fruchtbar. In einem Artikel der italienischen *Motori Aero Cicli e Sports* ist damals zu lesen: „*Maseratis Sieg war unerwartet. Der Hauptgrund dafür ist, dass er in einem Isotta Fraschini fährt, den er aber in Wahrheit selbst aufgebaut hat. Als Isotta Fraschini hat der Wagen ein robustes und stabiles*

Chassis mit vorderen Bremsen – ein wichtiges Plus auf dem holprigen Kurs von Mugello –, während der Motor ein Vierzylinder-Flugmotor ist. Es handelt sich hier um einen der seltenen Fälle, in denen ein Flugmotor erfolgreich in ein Auto verpflanzt wurde, da Maserati ein geduldiger Mechaniker ist, ein Zögling der Isotta Fraschini-Schule, und ein erfahrener Pilot. Seinen Sieg verdankt er seinen Eigenschaften als kühler Taktiker und exzellenter Techniker …"

Carlo Maserati hingegen verfolgt mit seinem Unternehmen das Ziel, ein innovatives Flugzeug mit Sternmotor zu entwickeln. Wenngleich er seine Leidenschaft für schnelle Autos nicht verloren hat. Tragischerweise bekommt Carlo ein Jahr später eine schwere Lungenerkrankung, die seinen Träumen, Visionen und schließlich auch seinem Leben ein schnelles und viel zu frühes Ende setzt. Für seine Brüder ein dramatischer Verlust. Sie behalten den Ältesten als Vorbild in Erinnerung. Nun liegen die Hoffnungen auf den Schultern von Alfieri.

Nach Carlos Tod geht Alfieri zusammen mit seinem jüngeren Bruder Ettore als Repräsentant von *Isotta Fraschini* nach Argentinien. In Buenos Aires baut er seinen ersten Rennwagen und beteiligt sich damit recht erfolgreich an Rennen. Im Jahr 1912 zieht es ihn wieder zurück nach Bologna. Dort eröffnet er eine Kundendienstwerkstatt für Isotta. Zwei Jahre später beschließt er, es seinem verstorbenen Bruder gleichzutun: Alfieri gründet in Bologna seine eigene Werkstatt. Die *Officine Alfieri Maserati*. Die Firma wird am 1. Dezember 1914 unter der Adresse Via De'Pepoli Nr. 1 in das Handelsregister von Bologna eingetragen. Der Firmengründer erhält kurze Zeit nach der Gründung tatkräftige Hilfe von seinen Brüdern Bindo, Ettore und Ernesto. Sie unterstützen ihn bei seinem neuen Vorhaben. Der Grundstein für die italienische Luxusmarke, die in die Automobilgeschichte eingehen wird, ist gelegt.

Unbestritten führender Kopf unter den Brüdern ist und bleibt Alfieri. Ein mit hervorragendem technischem Sachverstand gesegneter, angenehmer und allseits beliebter Mann. In ihrer Werkstatt beginnen die Maserati-Brüder mit Ausbruch des Ersten Weltkriegs damit, ihre ersten eigenen Fahrzeugkarosserien zu entwickeln.

Als auch Italien fünf Monate später in den Krieg eintritt, werden die Brüder zum Militärdienst verpflichtet, kommen aber glücklicherweise nicht an die Front. Vielmehr profitiert die Armee von ihrem technischen Wissen. Spezielle Zündkerzen für Flugzeugmotoren werden von Alfieri entwickelt, konstruiert und gebaut. Während des Ersten Weltkriegs gründet er in Mailand die Zündkerzenfabrik *Fabbrica Candele Maserati*. Alfieri forscht weiter und entdeckt, dass Probleme bei Zündkerzen oft durch eine mangelhafte Isolierung verursacht werden. So entwickelt er einen neuen Zündkerzentyp mit einer Isolierung aus Glimmer, einem speziellen Mineral, das ein neues Kapitel in der Geschichte der Firma prägt. Die Zündkerzen kommen in italienischen Doppeldeckerflugzeugen zum Einsatz. Alfieri Maserati erhält ein Patent darauf.

Die Aktivitäten der Maserati-Brüder nehmen im Laufe der Jahre weiter stetig zu. Nach Kriegsende wird es Alfieri Maserati möglich, seinem automobilen Traum weiter Form zu verleihen. Er möchte expandieren und besitzt mittlerweile auch eine gewisse finanzielle Unabhängigkeit. Als er in Bologna-Pontevecchio eine aufgelassene Glasbläserei findet, bezieht die junge Firma die Räumlichkeiten in der Frazione Alemanni Nr. 179. Hier entsteht das neue Maserati-Werk. Das ganze Areal ist so weitläufig, dass die Maserati-Brüder hier mitsamt ihren Familien einziehen können. Auch die in Mailand gegründete Zündkerzenfabrik zieht in das Werk nach Bologna um. Die Firma wird nun in eine Aktiengesellschaft umgewandelt. Zusammen mit seinen Brüdern beginnt Alfieri, die Rennaktivitäten des Automobilherstellers Diatto zu betreuen. Zunächst als Dienstleister für Einsätze im Motorsport tätig, beginnt man bald, für diese Firma auch Grand-Prix-Fahrzeuge zu entwickeln und zu pilotieren. Nach einer vollständigen Überarbeitung des Motors gewinnt Alfieri Maserati 1922 das Susa-Moncenisio-Rennen in einem Diatto mit der damals herausragenden Durchschnittsgeschwindigkeit von 69 km/h. Gemeinsam mit seinem Bruder Ernesto wiederholt er diesen Erfolg kurz darauf im Rennen Aosta-Gran San Bernardo.

Diatto gerät in den folgenden Jahren in finanzielle Schwierigkeiten. Im Winter 1925/26 entschließt man sich, die Zusammenarbeit mit der Firma Maserati aufzukündigen. Diatto hat einfach kein Geld mehr. Zu diesem Zeitpunkt ist Alfieri der Konkurrenz motorentechnisch bereits weit voraus, und als Konsequenz der Kündigung nimmt er den von ihm entwickelten Motor mit. Die Brüder gründen 1926 zusammen die *Officine Alfieri Maserati S.p.A.* in Bologna. Alfieri, Ernesto und Ettore Maserati konzentrierten sich nun ganz auf die Entwicklung des ersten Maserati-Automobils. Der Diatto wird kurzerhand mit einem neuen Markenemblem versehen.

Am 25. April 1926 startet Alfieri Maserati bei der *Targa Florio* erstmals am Steuer eines komplett von den Brüdern konstruierten Rennwagens. Das Auto geht unter dem Namen Maserati an den Start und bildet die offizielle Geburtsstunde der Marke. Der Rennwagen erweist sich als konkurrenzfähig, und der erste Einsatz ist auf Anhieb erfolgreich. Der Maserati Tipo 26, ein Monoposto, holt den Klassensieg. Es folgen viele weitere Maserati-Siege, meist mit Alfieri am Steuer. Der bestreitet 1929 auch den Grand Prix von Monza. Die schnellste Rundenzeit mit einer Geschwindigkeit von 198,72 km/h ist ein Rekord, der erst 1954 verbessert wird. Maserati bläst damit zum Angriff auf Molsheim – und damit auf den damaligen Seriensieger Bugatti.

Alfieri Maserati tut sich einerseits als großer Rennfahrer hervor, aber auch als innovativer Konstrukteur. Als Kopf der Maserati-Brüder stößt er Projekte wie einen 16-Zylindermotor, einen Frontantrieb, neuartige Zündsysteme und vieles mehr an. Zur Firmenphilosophie der Marke Maserati wird es, komplette Rennwagen zu bauen und an Privatfahrer zu verkaufen. Lange Zeit produziert das Unternehmen ausschließlich Rennwagen. In den späten 1920er- und in den 1930er-Jahren verkauft Maserati Rennwagen in alle Welt.

Nach einem Streit mit Enzo Ferrari, der ihn nicht als gleichberechtigten Partner akzeptieren will, und dem darauffolgenden spektakulären Bruch mit der *Scuderia Ferrari* stößt der legendäre Rennfahrer Tazio Nuvolari 1933 zu Maserati. Nuvolari entscheidet sich, seine Karriere bei Maserati fortzusetzen. Am

Steuer eines 8CM gewinnt Nuvolari dann unter anderem den Großen Preis von Nizza und auch den Großen Preis von Belgien. Bemerkenswert ist, dass er in Belgien von ganz hinten startet und das gesamte vor ihm fahrende Feld überholt. Der Maserati 8CM ist eine Weiterentwicklung des Vorgängermodells 8C. Ernesto Maserati hat dafür eine neue Radaufhängung entwickelt, die das vordere Fahrwerk versteift – eine Empfehlung des erfahrenen Piloten Nuvolari. Doch die Zusammenarbeit mit Nuvolari endet bereits im darauffolgenden Jahr, denn er wird bei Maserati nie offiziell zum Teammitglied. Nuvolari kauft sich daraufhin ein eigenes Fahrzeug und setzt seine Karriere als Privatfahrer fort – weiterhin mit der technischen Unterstützung von Ernesto Maserati.

Wahrscheinlich wäre noch so manche andere Technologie von Alfieri entwickelt worden, wenn er nicht schon 1932 im Alter von nur 44 Jahren auf dem Operationstisch verstorben wäre. Der Tod Alfieris versetzt der Moral im Hause Maserati – wie schon beim Tode von Carlo – einen schweren Schlag. Infolge eines früheren Unfalls im Jahr 1927 besaß Alfieri nur noch eine Niere. Um dieses ebenfalls schon lange schwächelnde Organ zu retten, entscheiden sich die Ärzte für eine dramatische und letztlich leider erfolglose Operation. Alfieri verstirbt während des Eingriffs. Für die Belegschaft stellte Alfieri eine unersetzliche Leitfigur dar. Die Zeitung *L'Auto Italiana* schreibt zeitgenössisch zum Tode von Alfieri Maserati: *„Die Jungen wachten über den Leichnam Alfieris, der im Tode in seine kleine Werkstatt zurückgekehrt war, dem letzten Halt vor seiner endgültigen Reise. Und sie gaben sich der Hoffnung hin,* *ihr Meister schliefe nur, und am Morgen sei alles wieder wie früher, sie würden an den Werkbänken arbeiten und er würde, wie stets, durch die Werkstatt gehen, die Hände hinter dem Rücken, anspornen, korrigieren, leiten …"*

Bei seiner Beerdigung kommt das Leben in ganz Bologna zum Erliegen. Die berühmtesten Rennfahrer der Epoche erweisen ihm die letzte Ehre: Tazio Nuvolari, Felice Nazzaro, Ferdinando Minoia, Baconin Borzacchini, Giuseppe Campari und der Marquis Diego de Sterlich. Unter dem riesigen Verlust leiden sowohl die Familie als auch das Unternehmen. Bindo Maserati kündigt daraufhin bei *Isotta Fraschini*, um seine Brüder unterstützen zu können. Die ernennen ihn zum Geschäftsführer. Der jüngste und ebenfalls besonders talentierte Ernesto Maserati übernimmt die Verantwortung für den technischen Bereich.

Doch weigern sich die Brüder anfänglich weiter, sich dem Unvermeidlichen zu fügen. Bindo, der nun älteste verbliebene Bruder und angeblich der Gesprächigste unter ihnen, erzählte in einem Interview mit *L'Auto Italiana* 1932 über den neu erwarteten Rennwagen: „*Der Monoposto mit Vorderradantrieb ist fast fertig. Alle Schalter und Hebel sind schon installiert. Wir müssen nur noch die Lage des Tanks im Heck festlegen und den Fahrersitz einbauen. Fagioli (Anm: ein italienischer Rennfahrer) hat sich den Sitz nach Maß anfertigen lassen und sitzt darin wie in einem Sessel. Sobald diese Details fertig sind, führen wir die ersten Erprobungsfahrten durch. Fagioli kann es kaum erwarten. Er ruft mehrmals täglich an, um auf dem Laufenden zu sein. Sind wir zufrieden? Oh ja, denn es ist ein großer Trost für uns, dass wir dieses Projekt, das Alfieri so sehr am Herzen lag, voll-*

enden können. Ob wir hoffen, dass es gelingen wird? Natürlich! Noch können wir nichts Definitives berichten: Bei der Erprobung werden wir sehen, wozu der Wagen imstande ist, von dessen Erfolg wir überzeugt sind ...“

Die Marke Maserati wird trotz des Schicksalsschlags und schwieriger wirtschaftlicher Rahmenbedingungen immer stärker. Die Philosophie des Hauses Maserati spiegelt sich in Ernestos Worten wider, die er damals wie folgt äußerte: *„Mit genügend Personal und Geld Hochleistungswagen zu bauen und mit ihnen zu siegen ist schwierig, aber für viele möglich; diese Autos ohne große Geldmittel zu bauen ist sehr viel kühner; und nur sehr wenige haben das geschafft.“* Maserati baut großartige Autos, ohne dabei jemals über Gebühr auf die Finanzen zu achten. Nach Ansicht der Brüder würde sich alles von selbst ergeben, wenn sie nur mutig ihren Weg gingen! Dieser vielleicht etwas naive Weg lässt sich sicher als einzigartig in der Geschichte des Rennsports bezeichnen. Wie so wichtige Erfolge mit so bescheidenen finanziellen Mitteln erreicht werden, bleibt stets ein Rätsel! Ebenso, warum diese Erfolge von Maserati nicht kommerziell ausgenutzt werden, um die erwirtschafteten Profite wieder den Rennsportaktivitäten zugutekommen zu lassen. Andererseits empfinden die Brüder eine tiefe Befriedigung und genießen ihre Unabhängigkeit in allen technischen Belangen. Man ist keinem Sponsor ausgeliefert, die damals beginnen, sich im Sport breitzumachen.

Die Jahre nach Alfieris Tod sind von hektischer Aktivität geprägt. Seine innovativen Ideen und sein Geschäftssinn fehlen, um das Unternehmen weiter ausbauen zu können. In Sachen Motorentechnik hat Maserati seinen Ruf als Vorreiter weiter zu verteidigen. Die Wettbewerber, mit denen es Maserati auf den Rennstrecken der 1930er-Jahre zu tun hat, sind Traditionsmarken wie Alfa Romeo, Bugatti und Mercedes-Benz. Insbesondere durch die deutschen Konkurrenten Mercedes-Benz und Auto Union, die massiv vom Regime des Dritten Reichs unterstützt werden, gerät neben Alfa Romeo auch Maserati immer mehr unter Druck. Die Brüder sind brillante Techniker, aber keine guten Geschäftsleute. Ernesto, Ettore und Bindo Maserati erkennen, dass es einen Richtungswechsel braucht. Nachdem sie dazu 1937 mehr oder weniger gezwungen sind, übertragen sie die Leitung ihres Unternehmens an den Industriellen Adolfo Orsi. Sie begrüßen die Zusammenarbeit mit dem bekannten italienischen Unternehmer. Die Brüder erhalten Zehnjahresverträge und verpflichten sich, in ihren Positionen zu verbleiben, verlassen das Unternehmen allerdings, nachdem sie vertraglich dazu nicht mehr gezwungen sind.

Das erste Ergebnis der neuen Zusammenarbeit zwischen Orsi und den Maserati-Brüdern wird im darauffolgenden Jahr vorgestellt: Der 8CTF Boyle Special. Ein Achtzylinder, mit dem Maserati 1939 zum ersten Mal ein Rennen in den USA gewinnt. Mit Wilbur Shaw am Steuer. Als erstem italienischen Rennstall gelingt es Maserati damit, den begehrten Titel in Indianapolis zu erringen. Im darauffolgenden Jahr gelingt das Kunststück gleich noch einmal. Diese beiden Siege in Indianapolis 1939 und 1940 zählen mit zu den größten sportlichen Erfolgen für Maserati.

Adolfo Orsi merkt schnell, dass sich seine kleine Rennwagenschmiede durch die vielen Siege in der Vergangenheit einen verdammt guten Namen erworben hat. Daraus ist Kapital zu schlagen, so wie es der ehrgeizige Enzo Ferrari in der Nachbarschaft, im knapp 20 Kilometer entfernten Maranello, vormacht. Zusammen mit seinem Sohn Omer verlegt Adolfo Orsi 1940 das Unternehmen nach Modena. An die heute historische Produktionsstätte in der Viale Ciro Menotti. Dort ist Maserati der Orsi-Zentrale näher. Während des Krieges muss das Unternehmen auf die Produktion von Rennwagen verzichten. Maserati konzentriert sich wieder ganz auf die Herstellung kriegswichtiger Güter wie Zündkerzen und Batterien. Als der Zweite Weltkrieg vorüber ist, beginnt überall das Leben wieder in geordneten Bahnen zu verlaufen. Im neuen Werk in Modena wird die Arbeit wieder aufgenommen und mit der Konstruktion eines neuen Modells begonnen. Der kommende Sieg von Maserati beim Großen Preis von Nizza 1946 ist von großer symbolischer Bedeutung für die Marke.

Auf dem Genfer Autosalon desselben Jahres wird der Prototyp eines Autos vorgestellt, der als das erste Gran-Turismo-Fahrzeug überhaupt bezeichnet werden kann. Es handelt sich dabei um den ersten Maserati, konzipiert für den Einsatz auf öffentlichen Straßen und nicht für die Rennstrecke. Die Bezeichnung des Fahrzeugs ganz schlicht: A6. Das „A" steht zu Ehren des verstorbenen Alfieri und die „6" für die Anzahl der Zylinder. Das Design des Coupés und seine Einzigartigkeit kommen beim Publikum so gut an, dass bald die Serienproduktion aufgenommen wird. Auf dem Turiner Autosalon präsentiert man später den ersten A6 1500. Dessen atemberaubendes Styling ist das Werk des berühmten Designers Pininfarina.

Zwischenzeitlich sind die Zehnjahresverträge von Ernesto, Ettore und Bindo Maserati mit Orsi ausgelaufen. Die Brüder kehren Modena den Rücken und gehen zurück nach Bologna. Hier gründen sie mit O.S.C.A. *(Officine Specializati Costruzione Automobili)* eine neue Firma, die sich ausschließlich auf das Design, die Entwicklung und den Bau von Rennwagen konzentriert. Von nun an können sie wieder frei nach ihren eigenen Vorstellungen schalten und walten und müssen keinerlei Kompromisse mehr eingehen. Höchstens wenn der chronische Geldmangel sie dazu zwingt.

In den Nachkriegsjahren kommt ein weiterer Konkurrent mit klangvollem Namen dazu: Der Rennfahrer Enzo Ferrari, vor dem Zweiten Weltkrieg Direktor der Rennabteilung von Alfa Romeo, hat in Maranello eine Rennwagenfabrik ins Leben gerufen, die jetzt seinen Namen trägt. Ferrari beginnt rasch, aus seinen Rennsportwagen Straßenversionen abzuleiten. Erstes Modell ist 1948 der 166 Sport. Die Marke Maserati lässt sich knapp zehn Jahre länger Zeit, diesen Weg ebenfalls einzuschlagen. Von guter Nachbarschaft zwischen den beiden Firmen ist aber nichts zu spüren. Beide Unternehmen werden in Zukunft hinreißende Straßenautos bauen, die sich ein ums andere Mal gegenseitig die Schau stehlen.

Die 1950er-Jahre werden für Maserati rennsporttechnisch die erfolgreichsten. Die Zusammenarbeit mit dem Argentinier Juan Manuel Fangio als Pilot beschert Maserati zwei Weltmeistertitel. Fangio dominiert zwischen 1950 und 1957 in fast jedem Rennwagen, in dem er sitzt, nach Belieben die Konkurrenz in der Formel 1. Für seine Rivalen ist er die Messlatte schlechthin. Fünf Mal wird Juan Manuel Fangio Formel-1-Weltmeister. Und es mögen ihn auch diejenigen, die er besiegt. Fangio ist unbestritten einer der größten Rennfahrer aller Zeiten. Und er ist dazu noch ein überaus netter und feiner Mensch. Stirling Moss fasste es einst perfekt in Worte: *„Er hatte so viele wunderbare Charaktereigenschaften, die man selbst gerne gehabt hätte, aber eben nicht hatte, dass es fast wehtat.“* Zu seiner nahezu unerreichten Schnelligkeit und seinem technischen Wissen gesellen sich eine bemerkenswerte Fähigkeit zur Vorausschau, Reife, Demut und eine große Portion Menschenverstand. Er ist einer der Menschen, die so oft im rechten Moment am rechten Ort sind.

1948 stattet der Argentinier Europa einen Besuch ab, um sich einen Eindruck und Überblick von der europäischen Rennszene zu verschaffen. Im Folgejahr kehrt er zurück und gewinnt auf Anhieb den Großen Preis von San Remo in Italien. Noch im selben Jahr bekommt er einen Vertrag im Werksteam von Maserati, dessen Einsatz von der argentinischen Regierung finanziert wird. Für den Hersteller aus Modena fährt er bereits nach kurzer Zeit Erfolge ein. Für die Saison 1950, in der zum ersten Mal die Fahrerweltmeisterschaft ausgetragen wird, wird Fangio allerdings von Alfa Romeo engagiert. Fangio gewinnt drei Grand Prix und wird Vizeweltmeister. Schon bald stellt sich heraus, dass *El Chueco* (der Krummbeinige) trotz seiner fast 40 Jahre der Konkurrenz an fahrerischem Können und taktischem Geschick überlegen ist. So wird Fangio 1951 auf Alfa Romeo zum ersten Mal Weltmeister. 1953 fährt er wieder für Maserati. Sein schärfster Konkurrent in diesem Jahr ist Alberto Ascari, der mit dem deutlich überlegenen Ferrari 500 unterwegs ist. Fangio wird hinter Ascari erneut nur Vizeweltmeister.

Für die Saison 1954 wird Juan Manuel Fangio von Mercedes-Benz als Fahrer verpflichtet. Die neuen Rennwagen, mit denen das Werk in den Grand-Prix-Sport zurückkehren will, werden jedoch erst zum Grand Prix von Frankreich fertig. Um die Chancen auf die Weltmeisterschaft nicht zu riskieren, fährt Fangio die ersten Saisonrennen in Argentinien und Belgien für Maserati. Mit insgesamt sechs Saisonsiegen gewinnt er überlegen zum zweiten Mal die Weltmeisterschaft.

Auch 1955 fährt Fangio einen Mercedes-Benz W 196 und wird mit 40 Punkten und vier Saisonsiegen ein drittes Mal Weltmeister. Zum Saisonende zieht sich Mercedes zurück. Fangio wechselt zur *Scuderia Ferrari*. 1956 wird er mit dem Team zum vierten Mal Weltmeister, und die Formel 1 wird zu einem reinen Familienduell zwischen den beiden Rivalen aus Modena: Ferrari und Maserati. Modena ist damals eine geteilte Stadt. Die eine Hälfte favorisiert das eine Team, die zweite Hälfte das andere. An den Sonntagen geht es auf die Rennstrecke. An den Montagvormittagen treffen sich dann die Fans des jeweils siegreichen Teams in den Cafés im Stadtzentrum und ziehen johlend über die Verlierer her.

In der Saison 1957 wechselt Fangio erneut zum Maserati-Team. Am Sonntag, dem 4. August 1957, wird Juan Manuel Fangio auf einem 250F Tipo 2 zum fünften und letzten Mal

serati Ghibli.

Lamborghini Miura S

De Tomaso Mangus

De Tomaso Pantera.

Bugatti Type 35.

BUGATTI
990 S63

Bugatti Type 41 Royale.

Bugatti Type 57 SC Atlantic.

Ferrari 365 GTB/4 Daytona.

Ferrari Dino 246 GT.

Weltmeister in der Formel 1. Fangio selbst hat immer an das Schicksal geglaubt: *„Das Pech hat mich immer nur in Sportwagenrennen ereilt, im Grand-Prix-Sport war mir das Glück immer hold …"*

Nach diesem großen Sieg 1957 zwingt eine Reihe finanzieller Probleme Adolfo Orsi, einige Sparten seines Industriekonzerns abzustoßen. Maserati stellt daraufhin die Aktivitäten im Rennsportbereich ein. Das starke Engagement in der Formel 1 hat seinen Tribut gefordert. Zudem können sich die kraftvollen Achtzylindermotoren nicht gegen die starken Zwölfzylinder von Ferrari durchsetzen, so wie man es sich erhofft hat. Dieser immense Einschnitt leitet eine wichtige Wende ein: die ausschließliche Konzentration von Maserati auf den Automobilsektor.

Unter Adolfo Orsi und seinem Sohn Omer expandiert Maserati. So entstehen in den Jahren ab 1957 erstmals größere Stückzahlen von Straßenfahrzeugen. Maserati beginnt, mit dem Modell 3500 GT für die Straße zugelassene Fahrzeuge herzustellen. Die „Weiße Dame", wie der erste Prototyp des 3500 GT genannt wird, ist Maseratis Antwort auf den boomenden Automarkt der Wirtschaftswunderjahre. Maserati bringt sogar eine Version mit Benzineinspritzung auf den Markt. Die Modelle zeichnen sich einerseits durch Eleganz und andererseits auch durch die aus dem Motorsport stammende Sportlichkeit aus. Einer, der von der „Weißen Dame" nachhaltig beeindruckt ist, ist der Schah von Persien. Der Monarch will aber ein noch exklusiveres Modell für sich bestellen. 1959 wird mit einem Einzelstück des 5000 GT ein eigens für den Schah entwickeltes Modell gebaut. Dieser Herausforderung stellt sich der berühmte Ingenieur Giulio Alfieri. Dieses Fahrzeug, genannt „Schah von Persien", gilt unter Sammlern und Automobilhistorikern bis heute als eines der schönsten Automobile überhaupt. Dank seiner kostbaren Sonderausstattung mit viel Gold und Edelholz ist dieses Modell damals weltweit das exklusivste und luxuriöseste Auto.

Auch wenn sich Maserati aus dem Motorrennsport verabschiedet hat, fließt immer noch Rennblut durch die Adern des Unternehmens. In dieser Zeit arbeitet Maseratis Chefingenieur Giulio Alfieri mit dem Tipo 60/61 an einer echten Legende. Mit einem neuen, absolut revolutionären Chassis, das sehr leicht, aber auch besonders verwindungssteif sein sollte, um herausragende Leistungen und ein überlegenes Handling zu gewährleisten. So entsteht unter dem Namen Birdcage (Vogelkäfig) eine geniale Chassis-Konstruktion aus einer Vielzahl dünner Rohre. Maserati fährt wieder auf der Gewinnerstraße. Auf Basis dieser Fahrgestellkonstruktion werden verschiedene andere Modelle realisiert. Doch diese Fahrzeuge tauchen in offiziellen Rennen nie mit Bezug auf den Namen Maserati auf. Sie werden von privaten Rennställen eingesetzt, und der Tipo 61 gewinnt Anfang der 1960er-Jahre große Rennen. Beispielsweise die 1000-Kilometer-Rennen auf dem Nürburgring sowie bedeutende Rennen in den USA.

In den 1960er-Jahren entstehen Automobile, die heute längst Legenden und begehrte Sammlerfahrzeuge sind. Der Beginn dieses Jahrzehnts ist gekennzeichnet von der Entstehung der Modelle Sebring, Mistral sowie des ersten Quattroporte, der damals weltweit schnellsten Limousine. Auf die Idee, einen Maserati-Rennmotor in eine Limousine einzubauen, bringt den *Commendatore* Adolfo Orsi der Journalist Gino Rancati. Auf dem Turiner Autosalon 1963 überrascht Maserati die Autowelt mit der Präsentation des schnellen Quattroporte. Im gleichen Jahr wird auf dem Turiner Autosalon auch der leichte, sehr sportliche und leistungsstarke Mistral vorgestellt – der erste Maserati, der nach einem Wind benannt wird. Es werden viele folgen ...

Der Sebring ist eine Weiterentwicklung des 3500 GT. Unmittelbar nach seinem letzten großen Erfolg im Londoner Covent Garden gönnt sich der junge italienische Tenor Luciano Pavarotti aus Modena zur Belohnung einen Sebring. Das ist der Beginn einer langwährenden Partnerschaft zwischen Maserati und dem famosen Maestro.

Ab Mitte der 1960er-Jahre ist Maserati bekannt für seine Zusammenarbeit mit dem berühmten italienischen Designer Giorgetto Giugiaro. Zunächst entsteht das Modell Ghibli, das 1966 in Produktion geht – Giugiaros erstes Projekt für Maserati. In den nächsten Jahren folgen weitere, beispielsweise der Bora, Merak, Quattroporte III und der 3200 GT. Auf dem Turiner Autosalon 1966 vorgestellt, wird der Ghibli vom Start weg ein Riesenerfolg. Nur zwei Jahre später geht der Maserati Indy in Produktion. Doch Maseratis Blüte läutet der Ghibli ein. Die Formen dieser *„Eleganz auf Rädern"* scheinen allein dem

Lehrbuch der Ästhetik zu gehorchen. Wie viele andere Maseratis ist er nach einem heißen, trockenen Wüstenwind benannt. Aber auch ein Langstreckenbomber der italienischen Luftstreitkräfte trägt in Mussolinis Abessinien-Feldzug diesen Namen. Der Zweisitzer mit der endlos langen Motorhaube, unter der eine brisante Ladung steckt, ist ein an Ästhetik kaum zu überbietendes Fahrzeug. Für die vollendete Linienführung benötigt der damals gerade 28 Jahre alte Stardesigner Giorgetto Giugiaro nur knapp drei Monate. Ursprünglich plante Maserati den Bau von nur 100 Fahrzeugen dieses Modells, doch schließlich werden bis Ende 1972 insgesamt 1295 Ghibli verkauft – als Coupé und Spyder.

Gebaut wurde der Ghibli seinerzeit von der *Carozzeria Ghia*. Die schlichte Eleganz und die makellosen Proportionen bestechen zeitlos. Die über das Karosserieheck hinausragenden Doppelauspuffrohre erinnern an Orgelpfeifen, und ihre Länge scheint, wenn nicht optischen, dann aber musikalischen Kriterien zu gehorchen. Bei den Endrohren der Auspuffanlage liegt ebenso der Vergleich mit einer doppelläufigen Schrotflinte nahe. Die filigranen Kippschalter am Armaturenbrett erinnern an aufgereihte Zinnsoldaten und demonstrieren italienische Verspieltheit in Reinkultur. Die reichlichen Rundanzeigen informieren über die thermische Gesundheit, den tadellosen Ölkreislauf und alle Befindlichkeiten des Triebwerks.

Der Ghibli verkörpert schlichte Perfektion, und wie alle Maseratis ist auch er ein handgefertigtes Traumauto. Schlicht und einfach konstruiert, aber ebenso auf hohe Leistung ausgelegt. So richtig aufregend wird es erst, wenn man die Karosserie des

Ghibli in Augenschein nimmt. Makellos. Von allen Blickwinkeln aus wird der Betrachter kein Detail finden, das nicht mit bestechender Eleganz gelöst ist. Insbesondere die flachen Vertiefungen, in denen die Tankklappen eingelassen sind, oder die zur Kühlereinfassung umfunktionierte Stoßstange stehen für die formale Perfektion.

Dieser italienische Supersportwagen ist zu enormen Fahrleistungen fähig. Ein zeitgenössischer Autotester verglich das Fahrgefühl im Ghibli mit einer *„rasenden Lokomotive"*. Bringt man den Zündschlüssel in die Anlassstellung, dann beginnen über 300 PS ein munteres Gespräch. Um die Urgewalt dieses Motors zu erahnen, genügt es, im Leerlauf einige Male – nur ganz leicht – auf das Gaspedal zu treten. Doch muss vor dem Genuss, wie bei einer guten italienischen Nudelsuppe, zunächst das Triebwerk eine halbe Stunde behutsam aufgewärmt werden. Die Wirkung des böse grollenden Achtzylindermotors, der im Gegensatz zu den grob geschnitzten amerikanischen V8-Motoren muskulös, spannungsgeladen und sprungbereit klingt, veranlasst – so ein zeitgenössischer Tester –, dass *„schlafende Hunde die Ohren spitzen, ernste Männer sich vom Schreibtisch erheben und brave Hausfrauen Rouge auflegen und sich ihre Frisur zurechtrücken, Kinder ihre Nasen an die Fensterscheibe drücken und selbst harmlose Spaziergänger merken, dass etwas Besonderes los ist."*

Legt man den ersten Gang ein, so vollzieht sich ein Beschleunigungsvorgang von elementarer Wucht. Die Vorgänge im Verbrennungsraum bleiben der Öffentlichkeit akustisch nicht verborgen. Doch kann man das Gaspedal auch gefühlvoll betätigen und ausgeglichene Verbrennungsgase in die Endrohre einleiten, so dass selbst geräuschempfindliche Zuhörer ausnahmslos Wohlgefallen empfinden. Das Tosen des gleichnamigen Sturms klingt lange nicht so angenehm. Selbst fernab der 200 km/h beschleunigt der Ghibli noch so, als seien für ihn die Gesetze des Luftwiderstands und der rollenden Reibung nicht existent. Und er macht seinem Namen alle Ehre, wenn er mit hoher Geschwindigkeit über die Piste fegt. Im Gegensatz zu dem Wüstensturm erweist sich der Ghibli jedoch als gutmütig, was zu den Stärken dieses Autos zählt.

In den späten 1960er-Jahren gilt der Ghibli als einer der Lieblinge des Jetsets, und auch in Hollywood. Henry Ford II., Jean-Paul Belmondo, Peter Sellers und Sammy Davis Jr. vermögen dem Wagen nicht zu widerstehen. Autofahrern fällt es offensichtlich leicht, Platz zu machen, wenn sie schon auf den ersten Blick erkennen, dass sie mit dem Projektil im Rückspiegel nicht konkurrieren können. Dieses Recht können nur wenige Autos für sich in Anspruch nehmen. Und diese wenigen stammen meist alle aus Oberitalien – aus der Region um Modena.

Während Enzo Ferrari mit unermüdlichem Sportsgeist den eigenen Mythos weiter aufpumpt und das durch den Verkauf seiner Straßenwagen eingenommene Geld postwendend wieder in den Rennsport steckt, bleibt Maserati auch in den 1960er-Jahren weiterhin bei der von Winston Churchill ausgegebenen Losung: „*No Sports.*" Der allmähliche Beginn des Abstiegs.

Mit dem wirtschaftlichen Erfolg hapert es zwischenzeitlich bei Maserati. Die Familie Orsi entscheidet sich, der Marke neue Impulse zu geben, indem das Unternehmen einen neuen Partner und Eigentümer ins Boot holt: Citroën. Die Franzosen übernehmen im März 1968 die Aktienmehrheit von 75 Prozent. Unter dem Einfluss und nach dem Vorbild von Citroën wird Maserati nun nach Modellreihen umorganisiert. Unternehmenstechnisch wird die italienische Marke effizienter strukturiert. Die erste Frucht der französisch-italienischen Zusammenarbeit ist der avantgardistische Citroën SM mit Sechszylinder-Maserati-Motor. Dem von Giulio Alfieri entwickelten Maserati-Achtzylinder sind hier zwei Zylinder abhandengekommen. Die Eleganz des SM wirkt unantastbar. Seine verwirrenden technischen Details erzeugen eine unwiderstehliche Spannung zum eigentlich einfachen und klaren Karosseriekörper mit der langen Schnauze und dem kurzen Heck. Wird die Motorhaube geöffnet, kommt der Wahrheit zweiter Teil ins Spiel: Der Alu-V6 ist komplett verbaut und unter den Schläuchen und Leitungen kaum zu sehen. Doch wird das Wunderwerk zum Leben erweckt, murmeln die sechs Zylinder in unnachahmlicher Weise vor sich hin: tiefes Ansauggrollen, sattes Auspuffbollern, darüber leise, aber stets präsent das metallische Hämmern italienischer Hochleistungsmechanik. Als *„schönböse"* wird der Klang damals beschrieben.

Es entstehen die Maserati-Modelle Bora, Merak und Khamsin. Mit dem Maserati Bora entwirft der bekannte Designer Giorgetto Giugiaro 1971 sein neuestes Meisterstück. Ähnlich unvergesslich der Merak, den Adolfo Orsi jr. als *„kleinen Bruder"* des Bora bezeichnet. Sie sehen zwar alle hinreißend aus, bekommen aber fatalerweise doch französische „Citroën-Spezialitäten" verordnet – inklusive zu lässiger Verarbeitung. Damit nicht genug. Auf die Ölkrise folgen in den 1970er-Jahren weitere grundlegende Veränderungen. 1975 wird schließlich Konkurs angemeldet – die Ehe ist gescheitert. Die Familie Orsi zieht sich nun ganz zurück, und Citroën verkauft seine Maserati-Anteile. Die Franzosen verabschieden sich damit wieder von Maserati. Für die Italiener ist es das Ende der „French-Connection". Für den Citroën SM ist kein Nachfolgemodell geplant. In diesem Jahr steigt der italienisch-argentinische Sportwagenbauer De Tomaso bei Maserati ein. Oder korrekter formuliert: Maserati wird mit staatlicher Unterstützung der GEPI *(Societa di Gestioni e Partecipazioni Industriali dello Stato Italiano,* ein staatseigenes italienisches Unternehmen zur Rettung kriselnder Unternehmen) unter Beteiligung von Alejandro de Tomaso übernommen. Der Italo-Argentinier de Tomaso übernimmt die Unternehmensführung bei Maserati.

Alejandro de Tomaso lässt zunächst die bekannten Autos weiterbauen. Doch schon im darauffolgenden Jahr wird eine neue Version des Quattroporte vorgestellt. Der Maserati Quattroporte steht bis heute als Synonym für Eleganz und exklusiven Stil. In zahlreichen Filmen der 1980er-Jahre spielt das Auto eine tragende Rolle. Und: Die eindrucksvolle Luxuslimousine wird auf Anhieb das offizielle Fahrzeug des damaligen italienischen Staatspräsidenten. Der ehemalige italienische Widerstandskämpfer Sandro Pertini wird 1978 zum Staatsoberhaupt gewählt. Als offizielle Staatskarosse entscheidet er sich für einen Quattroporte Royale, dem er sieben Jahre lang in dieser Funktion die Treue hält. Pikanterweise fährt Staatspräsident Pertini selbst anlässlich eines Besuchs in Maranello in diesem

Fahrzeug vor. Enzo Ferrari lehnt es allerdings strikt ab, dem Präsidenten-Maserati bei dessen Ankunft seine Aufwartung zu machen. Ein erneuter Beweis der langen Rivalität zwischen den beiden legendären Marken aus Modena.

Alejandro de Tomaso schwebt schon längere Zeit die Idee eines „Volks-Maserati" vor. In den wirtschaftlich schwierigen 1980er-Jahren versucht er sein Glück mit einem neuen Konzept: dem Biturbo. Ein Konzept, das im Hinblick auf die Maserati-Firmengeschichte nicht standesgemäß ist: Der Motor soll aufgrund der italienischen Luxusteuer lediglich zwei Liter haben! Dennoch soll er viel Leistung und Temperament besitzen. Diese Power wird ihm nun mit zwei Turboladern – einem pro Zylinderreihe des V6-Triebwerks – eingehaucht. Der Biturbo erweist sich als eines der automobilen Sinnbilder der 1980er-Jahre und wird der meistverkaufte Maserati aller Zeiten. Von 1982 bis 1993 wird die Baureihe sukzessive weiterentwickelt und in den verschiedenen Modellvarianten in einer Gesamtstückzahl von rund 37.000 Fahrzeugen gefertigt. Leider lässt die Qualität der kleinen, relativ preisgünstigen und attraktiven Sportlimousine zu wünschen übrig, und Geld ist weiterhin knapp. Der Wettbewerber Ferrari hingegen wird immer erfolgreicher und unter der Fiat-Herrschaft auch nahezu unantastbar, während Maserati immer mehr in der Bedeutungslosigkeit versinkt. 1984 nimmt de Tomaso mit dem US-Autokonzern Chrysler auch frische Dollars an Bord. Die Amerikaner steigen jedoch bald wieder aus, da sie selbst wirtschaftlich etwas in Turbulenzen geraten, und später bei Lamborghini ein.

Mit seinem nahezu untrüglichen Gespür erkennt Giovanni Agnelli das Potenzial dieser kleinen traditionsreichen italienischen Edelmarke als Ikone auf dem Automobilmarkt. Ein weiteres Mal streckt die Fiat-Krake ihre Fangarme aus und verleibt sich Maserati in Etappen ein. 1989 beteiligt sich der Fiat-Konzern zunächst an der feinen Automobilschmiede. Als Geschäftsführer wird Luca di Montezemolo, der Präsident von Ferrari, eingesetzt. Für Maserati beginnt eine neue Zeitrechnung. Im Jahr 1993 erwirbt Fiat die Automobilmanufaktur Maserati vollständig und überträgt 1997 50 Prozent der Anteile an seine Holdingtochter Ferrari. Übertragen auf den Fußball gleicht diese Übernahme in etwa dem Kauf von Inter Mailand durch Juventus Turin. 1998 wird auf dem Pariser Automobilsalon der Maserati 3200 GT vorgestellt. Der erste Maserati einer komplett neuen Generation. Im darauffolgenden Jahr, nachdem das Werk in Modena nach Ferrari-Maßstäben vollständig modernisiert wurde, übernimmt Ferrari die restlichen 50 Prozent an Maserati. Agnellis verwegener Plan geht auf: Mit der Marke Maserati geht es von nun an wieder aufwärts. Die Partnerschaft zwischen den beiden berühmtesten Fahrzeugherstellern aus Modena erweist sich als beinahe noch legendärer als ihre frühere Rivalität.

Die gezielte Personalisierung von Fahrzeugen hat bei Maserati eine lange Tradition: Bis in die 1960er-Jahre hinein entstehen immer wieder individuelle Einzelstücke, oft sogar mit speziell angefertigten Karosserien. Während solche Kundenwünsche heute aufgrund des damit verbundenen Aufwands praktisch unmöglich sind, bietet die *Officine Alfieri Maserati* bereits seit dem Jahr 2000 Kunden die Möglichkeit, ihr Neufahrzeug individuell zu gestalten. Das Programm geht dabei weit über das

Angebot sonst üblicher Sonderausstattungen hinaus. Im Mittelpunkt stehen Wahlmöglichkeiten von Materialien und Farben, die eine so große Vielfalt zulassen, dass theoretisch nie zwei identische Automobile die Werkshallen von Maserati verlassen - fast so wie zu Zeiten von Alfieri Maserati.

In seiner langen Unternehmensgeschichte ist Maserati stets seinem Anspruch treu geblieben, exklusive Sportwagen mit einem einzigartigen Charakter für Kenner zu schaffen. Dabei sind Werte entstanden, die der traditionsreichen Automobilmanufaktur in Modena zu weltweitem Ruhm verholfen haben. Stilvolle Eleganz mit einem gewissen Maß an Understatement sowie dynamische Fahrleistungen, die aus der umfangreichen Erfahrung aus dem Motorsport resultieren. Dies führt zu Automobilen, die auf einzigartige Weise Sportlichkeit und Luxus verbinden.

Die sportliche Seele der Automobile aus dem Hause Maserati ist das Ergebnis stetiger Forschung und Entwicklung, die unter anderem durch die vielfältigen Motorsportaktivitäten von Maserati unterstützt werden. Der Motorsport bildet den Ursprung der Marke Maserati und führte im Laufe der Firmengeschichte zu glorreichen Siegen auf Rennstrecken in der ganzen Welt. Seit der Jahrtausendwende erstrahlt Maserati mit neuen Fahrzeugen aus der Viale Ciro Menotti in Modena wieder in altem Glanz, beispielsweise mit dem 3200 GT, dem Spyder, dem Coupé sowie dem neuen Quattroporte. Vor dem Hintergrund der überaus erfolgreichen Entwicklung des Unternehmens erhielt Maserati im April 2005 seine Eigenständigkeit zurück, womit die Wiedergeburt der Traditionsmarke abgerundet wurde.

Armin Johl über MASERATI

»Die Maserati-Brüder, insbesondere Carlo und Alfieri, starben lange vor meiner Geburt. Daher habe ich keinen Bezug zu den Gründern selbst und auch nicht zu ihren verbliebenen Brüdern. Den späteren Eigentümer, Adolfo Orsi, habe ich auch nicht kennengelernt. Selbst habe ich einen Maserati 3200 GT besessen; dunkelblau mit braunem Leder. Ein Fahrzeug der ersten Serie, also das mit den Bumerang-Rücklichtern und dem Ferrari-Motor. Ein tolles Auto, mit dem ich oft zu Formel-1-Rennen nach Spa-Francorchamps in Belgien gefahren bin.«

Unter den Sportwagenmarken aus aller Welt hat Maserati seinen festen Platz. Fast jedes Kind kennt den Namen, wenngleich nur wenige Kinder je einen Maserati gesehen haben dürften. Was daran liegt, dass sich die Marke rar gemacht hat, was wiederum nicht zuletzt auch an der wechselvollen Geschichte des Fabrikats liegt.

Doch noch heute leben der Geist und die Philosophie von Alfieri Maserati in den Produkten und in dem Unternehmen selbst fort. Der Anspruch, innovative technologische Konzepte anzubieten, und das klare Bekenntnis zum Motorsport entsprechen seinem Erbe. Doch auch mit seinem Namen ist Alfieri Maserati heute wieder präsent – schließlich trägt das Individualisierungsprogramm genau den Namen, unter dem

Alfieri 1914 das Unternehmen gründete: *Officine Alfieri Maserati*. Im Jahr 1990 verstarb mit Ettore der letzte der Gebrüder Maserati.

Und jener Alejandro de Tomaso, der 1975 bei Maserati einstieg, war zum damaligen Zeitpunkt bereits selbst ein erfolgreicher Hersteller von Supersportwagen ...

4

DE TOMASO

EIN ARGENTINIER MIT ITALIENISCHEM AUTOHERZ

»In Italy, men build cars with passion. One of them is Alejandro de Tomaso, internationally known racing driver, who has won the Index of Performance for both the 24-hours of Le Mans and the 12-hours of Sebring, designer of Grand Prix and sports racing cars, pioneer in the development of mid-engine car construction and, since 1967, head of both De Tomaso Automobili S.p.A. of Modena and Ghia, the world-famous coachbuilder of Turin. The Pantera is his car.«

Das vorangehende Zitat stammt aus einer frühen Werbeanzeige und soll Alejandro de Tomaso als eine Art Patriarchen darstellen. Einen, der mit der Sorte von Persönlichkeiten wie Enzo Ferrari oder Ferruccio Lamborghini in einem Atemzug genannt werden soll.

Der italienische Fotograf Giò Martorana resümiert, dass Alejandro de Tomasos Leben „*eine Welt mit Emotionen, Hingabe, Schönheit, Spaß und Mut gewesen sei.*" Entsprechend gelte für seine Geschichte: „*There's a lot more beside torque and rpms.*" Die Vita von de Tomaso bietet genügend Stoff für einen Film oder ein Musical, ähnlich wie die seiner Landsmännin Evita Duarte. Man könnte seine Geschichte aber auch – wie folgt – kurz erzählen:

„Der Sohn eines argentinischen Ministers und einer Grundgrundbesitzerin legt sich in den 1950er Jahren mit dem Diktator Perón an und flieht nach Italien. Er heiratet eine blonde, reiche Amerikanerin, fährt mit ihr Autorennen und baut schließlich seine eigenen extravaganten Renn- und Sportwagen. Nachdem er die Kontrolle über einige italienische Firmen übernommen hat, zieht er einen amerikanischen Konzern über den Tisch und kostet schließlich auch noch das Privileg aus, sein Lebenswerk selbst an die Wand zu fahren."

Doch die Geschichte von Alejandro de Tomaso ist ergiebiger und soll hier ausführlicher erzählt werden. Die Marke De Tomaso ist das Ergebnis einer faszinierenden Kombination von verschiedenen Werten. Und der Aufstieg und Niedergang des Firmenkonglomerats von Alejandro de Tomaso. In den 1960er- und 70er-Jahren übernimmt er verschiedene Firmen und spielt damit eine wichtige Rolle in der Geschichte des Motorrad- und Sportwagengeschäfts. Dazu zählen die Karosserieschmieden

Vignale und Ghia. Es folgen die Motorradmarken Benelli und Moto Guzzi, schließlich die Automobilfirmen Maserati und Innocenti. Finanzielle Probleme sind später ausschlaggebend für den Verkauf aller Beteiligungen Ende der 1970er-Jahre.

Beginnen wir aber der Reihe nach. Alejandro de Tomaso wird am 10. Juli 1928 in Buenos Aires geboren. Er wächst als Sohn einer der einflussreichsten Familien Argentiniens in wohlhabenden Verhältnissen auf. Sein Vater, ein Politiker italienischer Abstammung, ist zu Beginn der 1930er-Jahre – in der Ära vor Perón – sozialistischer Landwirtschaftsminister. Sein Großvater stammt aus Neapel, die Großmutter kommt aus Sizilien. Alejandros Mutter hingegen gehört zu einer alteingesessenen spanischen Familie, die bereits im Jahr 1536 nach Argentinien ausgewandert ist. In über 400 Jahren hat sie die nationale Politik sowie die landwirtschaftliche Entwicklung des Landes mitgeprägt. Alejandro ist also Halbitaliener, und er ist erst fünf Jahre alt, als sein Vater stirbt.

Der Legende nach soll Klein-Alejandro noch auf dem Knie des argentinischen Generals Juan Domingo Perón gesessen haben, der ein Freund seiner Eltern war. Aber später, zu Beginn der 1950er-Jahre, ist Argentinien kein sicherer Platz, wenn man seine politische Meinung öffentlich kundtut. De Tomaso macht schon früh Erfahrung mit dem Gefängnis, weil er sich gegen das Perón-Regime auflehnt. Einer von Alejandros Studienfreunden und ebenfalls Aktivist in der Anti-Perón-Bewegung ist ein junger Medizinstudent namens Ernesto „Che" Guevara – gleich alt wie er und ebenfalls aus bester Familie. Er wird 1967 als Guerillaführer in Bolivien erschossen. Der junge de Tomaso schreibt als Student regimekritische Artikel für die Zeitung *Clarin* und agiert mit den Oppositionellen. Alejandros Bruder wird von den Perónistas gefoltert. Alejandro selbst verlässt, nachdem er zum zweiten Mal an einem Putschversuch beteiligt ist und zum erklärten Gegner des Perón-Regimes wird, schließlich sein Heimatland. Er geht nach Italien. Trotzdem behält er zeitlebens seine argentinische Staatsbürgerschaft und weigert sich, die italienische anzunehmen.

Zum einen verlässt de Tomaso sein Heimatland aus politischen Gründen, zum anderen, weil er sich in Italien bessere Aussichten auf eine Rennfahrerkarriere verspricht. Schon mit 17 Jahren fährt de Tomaso sein erstes Autorennen auf einem modifizierten Bugatti Type 35. Und in Buenos Aires bestreitet er 1954 sein erstes 1000-Kilometer-Rennen für Maserati. Ein Jahr später gewinnt er dort die Klasse bis zwei Liter Hubraum, ebenfalls auf einem Maserati. Nach der Flucht versucht er, seinen Traum einer internationalen Rennfahrerkarriere in Italien zu verwirklichen. So wie sein Landsmann, der mehrfache Formel-1-Weltmeister Juan Manuel Fangio. Somit kehrt de Tomaso in den 1950er-Jahren in das Land seiner Großeltern zurück. Der Politikersohn aus adeligem Haus geht nun ganz seiner Leidenschaft für Automobile nach. In Bologna findet er zunächst eine Anstellung als Testfahrer für den Autobauer O.S.C.A., der einige Jahre zuvor neu gegründeten Firma der Maserati-Brüder. Die haben zwischenzeitlich ihre eigene Rennwagenschmiede, nachdem sie nicht mehr an Maserati unter Adolfo Orsi gebunden sind.

Der junge Argentinier kann zu jener Zeit bereits einige Rennerfolge vorweisen und heuert für die Saison 1955/56 als Rennfahrer und Konstrukteur bei Maserati an. Als Fahrer bekommt de Tomaso bald den Spitznamen *El Insano* (der Ungesunde), begründet durch seinen Fahrstil und den schlechten Zustand, in dem sich seine Autos befinden. Im Jahr 1956 ist Perón im Exil und Evita tot. Alejandro kehrt nach Buenos Aires zurück. Auf Maserati gewinnt er dort das 1000-Kilometer-Rennen in der Zweiliter-Klasse und wird Gesamtfünfter. Zwei Ränge dahinter platziert ist eine große, blonde Amerikanerin aus dem Industrieadel New Jerseys. Ihr Name: Elizabeth Haskell. Obwohl ihre Mutter bei einem Autounfall verunglückte und ihr Vater sich nun ständig um sie ängstigt, fährt sie relativ erfolgreich Autorennen – ungewöhnlich für eine Frau zu dieser Zeit. Elizabeth Haskell ist die Enkelin des General-Motors-Gründers William C. Durant. Die große, blonde Amerikanerin und der schmächtige, kurzsichtige Argentinier werden ein Paar. Kenngelernt soll er sie haben, als sie für ihren Maserati Ersatzteile kaufte. Ein Jahr später heiraten die beiden, nachdem die erste Ehe von de Tomaso annulliert wurde. Aus Elizabeth wird Isabel – die spanische Version ihres Vornamens –, und aus Haskell wird de Tomaso. Aus seiner ersten Ehe mit Lola Guiraldes gingen die drei Söhne Alejandro jr., Santiago und Pablo hervor.

Gemeinsam bestreitet das frischverheiratete Paar Autorennen. Legendär ist ihr Auftritt beim 1000-Kilometer-Rennen von Buenos Aires im Jahr 1957: Sie gewinnen auf einem O.S.C.A. nicht nur die Klasse bis 1,5 Liter, sondern demütigen auch bedeutend stärkere Maseratis, Jaguars und Ferraris. Unter anderem wird de Tomaso auch 1958 bei den 24 Stunden in Le Mans (mit dem Engländer Colin Davis) und bei den zwölf Stunden von Sebring (mit Isabel Haskell) Klassensieger bis 750 ccm Hubraum. Gesamtsieger in Sebring werden Phil Hill und Peter Collins auf Ferrari.

De Tomasos Karriere als Rennfahrer ist allerdings kurz und von nur diesen wenigen Erfolgen geprägt. Sein erster Start bei einem Weltmeisterschaftsrennen ist der Große Preis von Argentinien 1957, sein letzter Start erfolgt beim Großen Preis der USA im Jahr 1959. Bereits 1958 beginnt Alejandro de Tomaso, selbst einen ersten Rennwagen zu konstruieren. Obwohl er zunächst für das Rennfahren lebt, merkt er bald, dass sein wahres Talent im Organisieren liegt. Aber auch im Marketing und Verkauf von Autos. Kurzum im „*wheeling and dealing*".

Für seinen ersten eigenen Rennwagen verwendet de Tomaso einen O.S.C.A.-Motor in einer Front-Mittel-Position. Das ist zu dieser Zeit sehr ungewöhnlich, aber der Argentinier ist ein Mann mit vielen Ideen. Zudem lässt er seine Erfahrungen als Rennfahrer in die Konstruktion und Gestaltung seiner Autos einfließen. Doch die Maserati-Brüder verbieten de Tomaso, den Motor für Rennen einzusetzen. Folglich geht dieses Fahrzeug nie an den Start und nimmt an keinem Rennen teil. Die daraus resultierenden Differenzen gelten als Grund für die dann vorübergehende Beendigung der Zusammenarbeit zwischen de Tomaso und O.S.C.A.

Im Oktober 1959 gründet de Tomaso auf einem Bauernhof in Albareto, einem Vorort von Modena und nur wenige Kilometer vom späteren De-Tomaso-Werk entfernt, seine eigene Firma. Die italienische Automarke De Tomaso ist geboren. In der erweiterten Nachbarschaft befinden sich die Werke von Ferrari und Maserati und einige Jahre später auch die von Lamborghini. Sein Firmenemblem zeigt das Brandeisen, mit denen die Tiere der familieneigenen Rinderzucht markiert werden. Die

Farben Weiß und Blau symbolisieren die argentinische Flagge. Das Logo zeigt ein geschwungenes „T" für Tomaso, ist aber auch ein Symbol der altägyptischen Göttin Isis. In den ersten Jahren konzentriert sich die Firma De Tomaso ausschließlich auf den Rennsport, später spezialisiert man sich auf exklusive Fahrzeuge für wohlhabende Kunden.

De Tomaso beginnt, eigene Rennwagen für verschiedene Formelklassen zu bauen. In den Jahren 1961 bis 1963 nimmt die *Scuderia De Tomaso* an mehreren Formel-1- und Formel-2-Rennen teil. Zunächst setzt man aufgebohrte, mit einer Doppelzündung versehene Großserienmotoren von Alfa Romeo ein. Leistungstechnisch können die aber nicht mit den Motoren der Konkurrenten, beispielsweise Ferrari, mithalten. So kommt es schließlich zu einer erneuten Zusammenarbeit zwischen de Tomaso und den Maserati-Brüdern. Ab 1962 liefert O.S.C.A. die Motoren für das Werksteam von De Tomaso. Mit einer neu entwickelten Fahrzeugkonstruktion sowie einem stärkeren O.S.C.A.-Motor ausgerüstet und schließlich auch mit dem Segen der Maserati-Brüder versehen, geht es wieder an den Start. Allerdings sind die Autos in der 1,5-Liter-Ära – trotz der stärkeren Motoren – weiterhin nicht gegen die Wettbewerbsfahrzeuge von British Racing Motors (BRM), Ferrari oder Porsche konkurrenzfähig. Die Rennwagen kommen kaum zum Einsatz. Der erhoffte Erfolg bleibt aus. Die *Scuderia De Tomaso* kann in den wenigen Rennen, die sie bestreitet, keinen Weltmeisterschaftspunkt einfahren.

De Tomaso hat zu jener Zeit aber trotzdem interessante Eigenkonstruktionen vorzuweisen. Bemerkenswert ist zudem, dass er anschließend von dem früheren Ferrari-Mann Alberto Massimino noch einen eigenen Achtzylinder-Boxermotor für das Fomel-1-Abenteuer konstruieren lässt. Doch auch dieses Aggregat ist dem Wettbewerb nicht gewachsen. De Tomaso stellt schließlich mit Ablauf der Saison 1963 sein Monoposto-Fahrzeugprogramm ein. Die angekündigte Entwicklung eines Zwölfzylindermotors kommt nie über die Entwicklungsphase hinaus. Für Alejandro de Tomaso ist klar, dass die Ressourcen im Rennsport auf Basis von Startgeldern zu begrenzt bleiben. Sein Vorbild Ferrari hat mit den 250-GT-Serienmodellen den Weg gewiesen. De Tomaso widmet sich nun auch verstärkt der Produktion von Straßensportwagen.

Richtig bekannt wird die Marke De Tomaso, als auf dem Turiner Automobilsalon im Oktober 1963 ein ultraflacher Spider namens Vallelunga präsentiert wird. Interessant an der Konstruktion ist die Bauweise. Für das erste Straßenfahrzeug von De Tomaso dient ein Mittelmotor als tragendes Teil des Chassis. Den Zentralrohrrahmen mit der Aluminiumkarosserie entwirft de Tomaso selbst. Leer wiegt der Vallelunga knapp 500 Kilo. Das Leichtgewicht wird von einem Ford-Kent-Motor – aus dem Ford Cortina – angetrieben. Ab 1963 entstehen rund 55 Exemplare. Im Grunde ist der Vallelunga nichts anderes als ein Rennwagen mit geschlossener Karosserie. Doch fehlt es dem kleinen Wagen an Leistung, um mitzuhalten zu können. Was Alejandro de Tomaso vorschwebt, ist ein Grand Turismo, der sich mit einem Maserati, Ferrari oder Lamborghini messen kann. Das Nachfolgemodell des Vallelunga, der De Tomaso Mangusta (Mungo), wird ein solches Auto.

Es folgen die umtriebigen Jahre des geschäftstüchtigen Alejandro de Tomaso. Mitte der 1960er-Jahre rüstet zunächst seine *De Tomaso Modena S.p.A.* kräftig auf. Die Firma bezieht neue Produktionsanlagen in Modena. Darüber hinaus wird Alejandro seine Firma in den folgenden Jahren zu einem kleinen Imperium ausbauen. Auch wenn es sich damals zunächst nicht so richtig erklären lässt, woher de Tomaso die finanziellen Mittel dafür nimmt. Das Geld seiner wohlhabenden Frau und deren Familie spielt wohl eine gewichtige Rolle. De Tomaso übernimmt die Karosseriefirmen Ghia und Vignale und geht bereits 1965 ein Joint Venture mit Ford als Motorenlieferanten ein – mit dem Ziel, sich neben den Motoren für seine Autos auch einen Zugang zum US-Markt zu verschaffen.

Inspiriert wird de Tomaso von dem Amerikaner Carroll Shelby, der mit modifizierten Motoren bei den Modellen Ford Mustang und AC Cobra erfolgreich ist. Während die anderen italienischen Sportwagenhersteller Maserati, Lamborghini und Ferrari nur auf italienische Motoren vertrauen, setzt de Tomaso auf amerikanische Herzen.

Der Mangusta entsteht. Entworfen von Stardesigner Giorgetto Giugiaro und gebaut bei Ghia. Der Mangusta beeindruckt mit seiner wilden Mischung aus südländischer Grazie und amerikanischer Urgewalt Fachwelt und Kunden gleichermaßen. Dank der fruchtbaren Zusammenarbeit mit Giugiaro, der die umwerfende Karosserie zeichnet, kann die Fachpresse den De Tomaso Mangusta 1966 auf dem Turiner Autosalon bewundern. Die kleine Firma bereichert damit den Kreis der Supersportwagen um ein weiteres traumhaftes Exemplar. Als „*half machine, half beast*“ wird er bei seinem Erscheinen bezeichnet. Völlig neu ist bei diesem Modell ein spektakuläres Detail am Heck. Die hinteren Hälften der Karosserie lassen sich wie Flügel aufstellen und legen den Motorraum der Flunder frei.

Der direkt im Rücken des Fahrers eingebaute 4,7 Liter V8-Zylinder erwacht beim Herumdrehen des Zündschlüssels sofort und blubbert dezent im Leerlauf vor sich hin. Hinten links wird der erste Gang eingelegt. Schlankes Schuhwerk ist für den Ritt im Mangusta unbedingt angesagt, um die Pedale einzeln treffen zu können. Der Mangusta ist kein Luxusschiff, sondern eine Fahrmaschine. Der Blick auf den Tacho bestätigt dies: Er endet in südöstlicher Richtung bei 300 km/h. Das klingt für den Insassen sehr vielversprechend und erhöht den Puls schon vor dem Starten des Aggregats. Nachdem man den Hosenträgergurt in halb liegender Position in der lederbezogenen Sitzschale angelegt hat, gilt es, die Kupplung durchzutreten. Der sich bietende Widerstand lässt vermuten, dass dabei der gesamte Vorderbau des Wagens weggetreten werden muss. Der Motor bietet selbst niedertourig ein deftiges Drehmoment. Ab 1500 U/min reißt es die Flunder noch heftiger nach vorne. Im Vergleich mit dem Lamborghini Miura nimmt ihm der Mangusta beim Sprint von 0 auf 100 km/h eine halbe Sekunde ab. Wer die Silhouette des Mangusta im Rückspiegel sieht, wird spontan die Überholspur freigeben.

Mit der Produktion des Mangusta hat sich de Tomaso nun endgültig als Autohersteller etabliert. Parallel dazu hat er in seinem

Unternehmen eine 38-köpfige Mannschaft um sich geschart. Der Sportwagen wird mit rund 400 Exemplaren zum ersten Kassenschlager und ist die europäische Antwort auf Carroll Shelbys amerikanische AC Cobra. Gemeinsam entwickeln Carroll Shelby und Alejandro de Tomaso damals einen Prototypen für den Rennsport. Als der Amerikaner vorzeitig aus dem Projekt aussteigt, nimmt ihm das der Argentinier übel. Der Name Mangusta ist daher von Alejandro de Tomaso überlegt und bewusst gewählt: als Anspielung auf den schlangenfressenden indischen Mungo, der Kobras töten kann.

Einige Autotester stempeln den Mangusta nach dem ersten Ausritt als Bestie ab. Im Kurvengrenzbereich beginnt das Heck auszubrechen. *„Kein Damenauto"*, urteilte ein Tester damals lapidar. Im Zeichen der Emanzipation müsste er sich da heute etwas anderes überlegen. Das Geschoss ist durstig. Doch über die Umwelt und Endlichkeit der fossilen Brennstoffe macht sich zu jener Zeit noch niemand Gedanken. Und Kohlenstoffdioxid bringt man damals höchstens mit einer Mineralwasserflasche in Verbindung.

Der Mangusta wird zwischen 1967 und 1971 gebaut. Dazu benötigt de Tomaso zusätzliche Ingenieurs- und Produktionskapazitäten. Die beschafft er sich durch den Kauf der Firma Ghia aus Turin. Die *Carrozzeria Ghia*, 1915 gegründet, gehört zu den großen Namen unter den italienischen Karosseriebauern. Sie befindet sich jedoch in ständiger finanzieller Geldnot. Besitzer war damals Rafael Trujillo, Sohn des ermordeten Diktators der Dominikanischen Republik. Trujillo soll ins Gefängnis und braucht dringend Geld für seine Kaution. Für Alejandro de Tomaso bietet sich dadurch die Gelegenheit, Ghia für 650.000 Dollar zu übernehmen. Er überzeugt zunächst seinen Schwager,

Amory Haskell, den Bruder seiner Frau, und dessen Geschäftspartner John C. Ellis, Präsident der Rowan Industries, in größerem Stil in seine Geschäfte zu investieren. De Tomaso bekommt die finanzielle Unterstützung und avanciert 1967 zum neuen Ghia-Chef. Zusammen mit Rowan Industries wird er später sogar ein Elektro-Stadtauto entwickeln.

Um weitere notwendige Kapazitäten zu schaffen, kauft de Tomaso 1969 auch noch das Design- und Karosseriebauunternehmen Vignale in Grugliasco. Und er kommt in Kontakt mit Henry Ford II. Der hat ein großes Faible für Italien – seine zweite Frau Christina Veltere ist Italienerin. Bekanntlich hat Ford versucht, Ferrari zu kaufen. De Tomaso kommt ihm mit Vignale und Ghia gerade recht: Der große Erfolg des Mangusta in den USA gefällt Ford-Boss Lee Iacocca. Die fehlgeschlagenen Übernahmen von Ferrari, Lancia und Maserati veranlassen Iacocca im Jahr 1969, einen Aktienanteil von 80 Prozent an De Tomaso, inklusive Ghia und Vignale zu erwerben. Außerdem benötigt Ford einen Nachfolger für den GT40. In dem Argentinier sieht man den idealen Partner für dieses Kleinserienprojekt. Aus dieser Ehe entsteht der Pantera, der Nachfolger des Mangusta. Jenes Auto, das De Tomaso weltweit berühmt macht. Mit dem Einstieg von Ford wird Alejandro de Tomaso zum Vice Director bei Ford ernannt.

Auch die Zusammenarbeit von De Tomaso mit Giorgetto Giugiaro bleibt weiterhin äußerst fruchtbar. Auf Basis des Fiat-127-Unterbaus konzipiert Ghia den ersten Ford Fiesta. Henry Ford kommentiert dies mit den folgenden Worten: „*Little car, little profit.*" De Tomaso kontert daraufhin trocken: „*Big boss, big idiot.*"

Der Designer Tom Tjaarda zeichnet mit Unterstützung von Ford in Dearborn – dem Sitz des Ford-Rouge-Werkes – den Pantera. Der Pantera (Panther), der Nachfolger des Mangusta, soll De Tomasos bekanntestes Modell werden. Die nur 110 Zentimeter hohe Flunder erobert bereits bei ihrer Vorstellung 1970 die Herzen der Autofans. Insbesondere die der amerikanischen. Der Pantera gilt als günstige Alternative zu Ferrari und Lamborghini und wird in den USA zum Erfolg: Mit dem Paket aus attraktivem italienischem Styling und dem bärenstarken 5,7 Liter „Cleveland" V8-Antrieb. Zusammen mit Lamborghinis Miura, der vom Hause Bertone entworfen wurde, ist der Pantera der einzige Entwurf eines reinen Sportwagens, der neben den Pininfarina-Entwürfen Bestand hat.

Doch Technik und Qualität halten nicht Schritt mit dem schönen Design. Insbesondere die frühen Exemplare des Pantera sind sehr unzuverlässig. Sie leiden unter strukturellen Schwächen, und die Motoren überhitzen schnell. Elvis Presley soll sogar auf seinen Pantera geschossen haben, als dieser nicht anspringen wollte. Zweifelsohne fühlten viele Besitzer des geheimnisvollen, verschlagenen Supersportwagens damals ähnlich.

Die mangelnde Zuverlässigkeit, Qualitätsprobleme sowie die neuen amerikanischen Sicherheitsbestimmungen bedeuten schließlich das Aus für den Pantera in den USA. Das veranlasst den Vertriebspartner Ford nach der Ölkrise 1973 zum Absprung.

Das Strohfeuer mit den Amerikanern hat vier Jahre lang gewährt; danach ist Ford ein gebrannter Riese und de Tomaso ein reicher Mann. Nach dem Fall seines Freundes Lee Iacocca bei Ford wird auch de Tomaso 1973 bei Ghia abgesägt und die Produktion des Pantera bis 1975 gestoppt. Bis zu diesem Zeitpunkt wurden rund 6500 Autos gebaut, die über das Mercury-Lincoln-Händlernetz von Ford in den USA vertrieben wurden. Die Produktion des Pantera wird nun in der Firmenzentrale der *De Tomaso Modena S.p.A.* fortgesetzt. Im selben Jahr zieht De Tomaso nach Bruciata auf ein größeres Werksgelände um. Dort befindet sich die Produktion bis zu ihrer Schließung.

Obwohl der Ausstieg von Ford De Tomaso einen Großteil seiner US-Kundschaft kostet, hat die kleine Firma aus Modena weiterhin Erfolg. Neben dem Pantera bietet De Tomaso 1970 noch seine erste viertürige Limousine als Antwort auf den Jaguar XJ: den De Tomaso Deauville – benannt nach dem mondänen französischen Badeort in der Normandie. Die luxuriöse Innenausstattung macht den Deauville zum potenziellen Geschäftswagen erfolgreicher Manager. Der De Tomaso Longchamp, die attraktive Coupé-Version des Deauville, benannt nach der berühmten französischen Pferderennbahn, wird bis Ende der 1980er-Jahre gebaut.

Don Coleman, ein Verbindungsmann zwischen Ford und De Tomaso, in den frühen 1970er-Jahren in Modena stationiert, fasste in einem späteren Interview zusammen, wie er sich an Alejandro de Tomaso und die Zusammenarbeit mit ihm erinnert: „*His public was a small body of enthusiasts living in Italy. He wasn't engineering a car for volume sales. I think the classic statement about De Tomaso was one the Italian racing driver Umberto Maglioli made. He said: ‚De Tomaso sells smoke.'*"

Coleman berichtete weiter: „*Alejandro De Tomaso is probably the greatest PR man of all time in automotive field. He knows how to capitalize brilliantly on some very beautiful prototype designs, whether it's an engine or a car or whatever. But the substance isn't there. It never has been. You can go over all his projects ... His Formula 1 car which looked fantastic in a car book. It ran in practice for one race, and never even ran a full race as far as I know. His 12-cylinder four-cam engines were sculpture. The race version was supposed to be 512 hp at 7800 rpm. That's great but those were estimated figures. Because in fact the engine had no valves or pistons inside it. It was a beautiful casting! ... It was like everything else De Tomaso did then – it was not fully developed."*

Insgesamt krankt es an mangelnder Entwicklung im Hause De Tomaso. In die zahlreichen Projekte der Firma wird offenbar nicht genügend Entwicklungszeit, Entwicklungsarbeit und damit Geld gesteckt. Der Mangusta und im Besonderen der Pantera, mit Ford im Rücken, bilden da eine Ausnahme.

Nichtsdestotrotz: Mit über 7500 produzierten Fahrzeugen allein in den Jahren 1971 bis 1974 ist De Tomaso der größte Automobilproduzent in der Region um Modena und liegt mit seinen Fahrzeugverkäufen weit vor den Wettbewerbern Ferrari und Lamborghini, was insbesondere Enzo Ferrari und die Agnelli-Brüder zur Weißglut bringt. Zudem verzeihen sie, aber auch die italienische Presse, de Tomaso nie, dass er an der argentinischen Staatsangehörigkeit festhält. Trotzdem wird De Tomaso nie eine ernsthafte Konkurrenz für die großen italienischen Sportwagenhersteller Ferrari, Lamborghini oder Maserati.

Der Pantera, von dem zwischen 1970 und 1991 rund 7260 Stück gefertigt wurden, wird noch bis in die 1990er-Jahre in geringen

Stückzahlen gebaut. Die Produktion bewegt sich allerdings nur noch auf Boutique-Niveau. De Tomaso versäumt es, seine Modellpalette rechtzeitig weiterzuentwickeln. Mitte der 1990er-Jahre wird schließlich der letzte Pantera an einen deutschen Liebhaber ausgeliefert.

Alejandro de Tomasos Erfolgsrezept heißt: italienisches Design, gepaart mit US-Großserienmotorentechnik. Wie seine Vorgänger Vallelunga und Mangusta hat auch der Pantera einen Mittelmotor. Trotz de Tomasos argentinischer Abstammung und der US-amerikanischen Motorisierung bleiben seine Fahrzeuge aber immer ur-italienisch: Autos voller Rasse und Eleganz. De-Tomaso-Fahrzeuge stehen für die Hochzeit italienischer Supersportwagen mit preiswerter und unkomplizierter US-Technik. Die Leistung der Wagen kommt aus dem üppigen Hubraum. Die Ford-Aggregate werden einem Prüfstandslauf unterzogen, erst dann werden sie im Auto verbaut. Sie zeigen sich auch akustisch ganz anders als in den schaukelnden Straßenkreuzern „Made in U.S.A.".

Ein weiteres Kapitel in der Formel-1 beginnt 1970. De Tomaso arbeitet mit Ex-Lamborghini-Ingenieur Gian Paolo Dallara und Frank Williams als Teamchef zusammen. Der De Tomaso 505 wird für das Williams-Formel-1-Team gebaut, angetrieben mit einem Ford Cosworth DFV-Motor. Die drei für Williams hergestellten Fahrzeuge erweisen sich als übergewichtig, unzuverlässig und auch im Handling als problematisch. Es sind im Prinzip Kit-Cars, größtenteils bestehend aus ab Lager lieferbaren Komponenten englischer Firmen. Beim vierten Saisonrennen im niederländischen Zandvoort verunglückt der britische Williams-Pilot Piers Courage mit dem De Tomaso 505 tödlich. Daraufhin werden bei De Tomaso alle Motorsportaktivitäten eingestellt. Der Argentinier hat mit diesem weiteren Formel-1-Abenteuer viel Kapital verbrannt. Ein Vierteljahrhundert später, im Jahr 1995, besucht Frank Williams seinen alten Freund Alejandro in Modena. Beide sitzen zwischenzeitlich im Rollstuhl. Es kommt zu rührenden Szenen – von Rollstuhl zu Rollstuhl.

Nach der Übernahme von Ghia und Vignale sowie dem erneut gescheiterten Ausflug in die Formel-1-Welt kauft der Argentinier 1971 die Motorradmarke Benelli und 1972 auch noch Moto Guzzi. Zudem ergänzt er seine Fahrzeugpalette und bringt zwei neue Modelle auf den Markt: die Luxuslimousine De Tomaso Deauville und das viersitzige Coupé Longchamps. Beide Modelle erweisen sich jedoch als schwer verkäuflich.

De Tomaso startet bei den von ihm übernommenen Unternehmen Programme zur Umstrukturierung. Damit macht er sich einen Namen als Firmensanierer. Sein Ideenreichtum scheint unerschöpflich. Das macht ihn für die GEPI interessant – eine Holding des italienischen Staates, die 1971 in Rom gegründet wurde und die marode Firmen aufkauft, um sie vor dem Bankrott zu bewahren. Diese staatliche Finanzgesellschaft dient zur Rettung, Sanierung und Umstrukturierung von Firmen in Schwierigkeiten.

Alejandro de Tomasos Hunger ist noch lange nicht gestillt. Als Citroën 1975 Maserati zum Verkauf anbietet, ist der Argentinier zur Stelle und bewahrt Maserati vor der Pleite. Jetzt kann er alte Rechnungen begleichen. Eine davon ist die mit Maserati. Die Besitzerfamilie Orsi machte einst mit dem Perón-Regime Maschinengeschäfte und ging nach dem Sturz des Diktators beinahe Pleite. 1967 votiert Maserati-Chef Giulio Alfieri für Citroën, als de Tomaso mit Ford im Rücken pokert. Nach der Rettung Citroëns durch Peugeot ist Maserati 1975 am Ende. Für ein Taschengeld erhält de Tomaso nun die Kontrolle. Seine erste Amtshandlung: Er wirft Alfieri raus.

Die Übernahme ist ein eigenartiges Konstrukt: De Tomaso übernimmt 30 Prozent der Aktien für den symbolischen Wert von 300.000 Lire, der Rest geht in die Obhut der GEPI über. Eine ähnliche Transaktion kommt ein Jahr später bei der Übernahme des Karosseriewerks Innocenti zustande, um die Mitarbeiter vor der Entlassung zu schützen. In de Tomasos Zeit bei Innocenti fällt der erfolgreiche „Mini" von Bertone.

Es heißt, de Tomaso habe für beide Übernahmen vom italienischen Staat sehr viel Geld erhalten. Als er Innocenti Ende der 1980er-Jahre an Fiat verkauft, ist das Unternehmen allerdings erneut in einem desolaten Zustand. Was auch für die Motorradmarken Benelli und Moto Guzzi gilt – da sieht es nicht besser aus.

Immerhin gelingt es de Tomaso, Maserati zu retten und wieder zu einem gewinnbringenden Unternehmen zu machen. In seine Zeit bei Maserati fällt die Einführung der Biturbo-Modelle und später die Modelle Karif und Shamal. Er setzt konsequent auf die damals neuartige, von ihm initiierte Biturbo-Technologie. Somit hilft er der altehrwürdigen Marke über die Runden, die aber später ebenfalls in den Armen von Fiat landen wird.

Ab 1981 läuft bei Maserati nun der Biturbo vom Band und rettet damit die Firma nach dem Rückzug von Citroën vor dem Konkurs. De Tomaso ist die treibende Kraft hinter den Maserati-Biturbos. Im Jahr 1984 investiert Chrysler unter Alejandros altem Freund Lee Iacocca ebenfalls in Maserati. Iacocca, der mittlerweile von Ford zu Chrysler gewechselt ist, fragt seinen Freund Alejandro, ob er für ihn den Chrysler-Maserati TC fertigen könne. Der gemeinsam entwickelte und gebaute Chrysler TC by Maserati wird auf der Los Angeles Motor Show vorgestellt. Der *„Touring Convertible"* wird in nur geringen Stückzahlen hauptsächlich für den amerikanischen Markt gebaut.

Im folgenden Jahr kommt de Tomasos rechte Hand, Aurelio Bertocchi, Sohn des Maserati-Chefmechanikers, bei einem Autounfall ums Leben. Von da an verliert de Tomaso zusehends die Kontrolle über sein Firmengeflecht. Chrysler verzichtet 1988 auf seine vereinbarte Erhöhung der Anteile an Maserati. Dafür steigt Fiat im Folgejahr mit 49 Prozent der Anteile bei Maserati ein und die staatliche GEPI gleichzeitig wieder aus. Ende der 1980er-Jahre sind die Managementmängel längst unübersehbar. *„Das Problem von Maserati ist de Tomaso"*, wird ein amerikanischer Maserati-Händler zitiert.

Fiat gewährt Maserati nun lukrative Bankkredite, um einen befürchteten Einstieg von Mazda bei De Tomaso zu verhindern. Die komplette Übernahme durch die Turiner erfolgt 1990. Bereits 1989 wird Benelli verkauft und 1994 auch Moto Guzzi. Das Imperium von Alejandro de Tomaso schrumpft wieder auf die *De Tomaso Modena S.p.A.* zusammen.

Zuletzt übernimmt Fiat das Traditionsunternehmen Maserati von de Tomaso. Um sein letztes Projekt, den Bau des Guarà von Carlo Gaino zu realisieren, tritt er Maserati 1993 komplett an Fiat ab. Der Kniefall vor Fiat hat jedoch viele eingefleischte Maserati-Freunde verletzt. Die Fusion Maseratis mit dem alten Rivalen Ferrari stimmt sie nicht glücklich.

Armin Johl über DE TOMASO

»Im Hotel Canalgrande in Modena logierte ich des Öfteren als Gast. Jeden Nachmittag konnte man im Keller des Hotels vom Büffet essen. Alejandro de Tomaso hatte dort seinen eigenen Platz und saß dort immer mit seinem Sohn.

Ab und zu kam ein Maserati-Testfahrer namens Bertocchi, ein früherer Rennfahrer, ins Hotel. Maserati gehörte seinerzeit zu De Tomaso. Bertocchi, der ein sehr netter Mann war, lieferte immer verschiedenste Päckchen bei de Tomaso ab. Ich hatte, wenn ich in Modena übernachtete, in dem Hotel immer dasselbe Zimmer im dritten Stock und nahm nie den Aufzug, sondern lief immer durch das Treppenhaus.

Eines Tages stand die Suite von de Tomaso offen, weil die Putzfrau drin war, und ich sah, dass sich dort Pakete und Päckchen verschiedener Größen vom Boden bis an die Decke stapelten. Als ich den Hoteldirektor Giovanardi traf, fragte ich ihn, was es damit auf sich habe. Er sagte mir, dass

Bertocchi immer wieder Päckchen bringe, da de Tomaso alle außergewöhnlichen Teile der Fahrzeuge aufkaufe, um sie irgendwann bei Knappheit zu vergolden. Das war dann auch so. De Tomaso war ein merkwürdiger Typ. Ich habe ihn kennengelernt, aber er hatte primär nur Interesse an Geld, und er lag mir nicht. Mir haben die Kontakte mit Lamborghini und Enzo Ferrari genügt.

Auch die Produkte von De Tomaso fand ich nicht gut. Außer dem Mangusta, der mir gut gefallen hat, haben mir die anderen Fahrzeuge nicht zugesagt.

In späteren Jahren sah ich Alejandro de Tomaso auf einem kleinen Wägelchen sitzend herumfahren. Es war so eine Art Rollstuhl, sah aber etwas anders aus. Mit verzogenem Gesicht, vermutlich die Folge eines Schlaganfalls. Er ist damit zum Essen und im Aufzug gefahren.

Irgendwann durfte man nur noch zu bestimmten Tages- und Uhrzeiten in die Innenstadt von Modena fahren. Das war mir dann zu schwierig und hat mir nicht gefallen. Darauf bin ich immer in das Hotel Fini gegangen, das etwas am Stadtrand Modenas lag. Von dort aus konnte man bequem mit dem Auto direkt aus der Tiefgarage beispielsweise zu Lamborghini fahren.«

Alejandro de Tomaso war ein mutiger Konstrukteur und ein umtriebiger Unternehmer. Doch am Ende bleibt vom Traum und dem Erbe des Rennfahrers, Konstrukteurs und Geschäftsmanns nicht mehr viel übrig. Am Niedergang seines Unternehmens und an der damit einhergehenden Tristesse hat de Tomaso allerdings auch zeit seines Lebens kräftig selbst mitgearbeitet. Manches seiner Geschäfte war sicher nicht über alle Zweifel erhaben. Er jongliert mit Firmenbeteiligungen und trifft Fehlentscheidungen. Sein Freund und Lieblingsdesigner Tom Tjaarda bezeichnet ihn als *„Spieler"*. Enge Mitarbeiter attestieren ihm eine *„sehr kurze Aufmerksamkeitsspanne"*. Doch als zur damaligen Zeit letzter unabhängiger Sportwagenhersteller Italiens baute er wunderschön anmutende Autos.

Nach seinem Tod verfällt die traurige Industrieruine des De-Tomaso-Werks am Rande einer Ausfallstraße in Modena immer mehr. Die Zäune sind heruntergetreten, und Sprayer haben sich an den Mauern ausgetobt. Die Werkhallen sind verwaist und das restliche Inventar verwüstet. Das Hellblau der Wände, das auch Bestandteil seines Markenzeichens war, deutet noch auf die argentinischen Wurzeln einer der schillerndsten Persönlichkeiten der Automobilindustrie des 20. Jahrhunderts hin, der hier einmal das Sagen hatte. Man sagt von dem Rennfahrer und Autobauer Alejandro de Tomaso, dass er selbst nie einen Führerschein besessen habe. Sein Privatpilot flog früher Benito Mussolini und erlebte mit Mitte 70 seine erste Bruchlandung in Bologna – mit Alejandro an Bord, der aber unverletzt blieb.

Alejandro de Tomaso erleidet Anfang 1993 einen Schlaganfall, der ihn in den Rollstuhl zwingt und von dem er sich nie mehr ganz erholen wird. Seitdem wurde er von einigen Getreuen umsorgt, die seine Art der Artikulation zu deuten wissen. An den Rollstuhl gefesselt wird er zu einem eher unangenehmen Zeitgenossen.

Nachdem er 65 Jahre Vollgas gegeben hat, dauert sein Sterben zehn lange Jahre. Als Geschäftsmann hat er teils gewonnen, teils verloren. Seine Interessen sind aber immer weit über das rein Geschäftliche hinausgegangen.

De Tomaso versucht Ende der 1990er-Jahre einen Re-Launch der Marke mit dem Biguà. Den Glauben an ein Comeback gibt er nie auf: Zum 40. Jubiläum der Marke im Jahr 1999 lädt er noch einmal 500 Gäste nach Modena ein, um einen Nachfolger des Pantera vorzustellen, den Marcello Gandini für ihn entworfen hat. Doch die Produktion des Pantera 2000 läuft nie an. Nach Uneinigkeiten mit dem Geldgeber und amerikanischen Sportwagenimporteur Qvale 2000 kommt er schließlich als Qvale Mangusta auf den Markt.

Im Jahr seines Todes unternimmt Alejandro de Tomaso den letzten Versuch, mit der Studie eines neuen Pantera nochmals Fuß zu fassen, was aber bereits im Ansatz aufgegeben wird. Er muss sich aus der Geschäftsführung zurückziehen. Im Hotel *Canalgrande*, einer Art Dogenpalast, logiert die Familie jahrelang und besitzt dort ein Wohnrecht.

Die Leitung seiner Firma überträgt er an seine Frau und seinen Sohn, mit dem Ergebnis, dass De Tomaso kurz nach dem Tod des Patrons am 23. Mai 2003 zahlungsunfähig wird. Nur ein Jahr später befindet sich De Tomaso in Liquidation, scheint aber weiterhin Autos auf Bestellung zu bauen. Die Lieferfrist von über einem Jahr sowie die trotz Anzahlung nicht ausgelieferten Fahrzeuge legen den Schluss nahe, dass seit Ende 2004 kein De Tomaso Guarà mehr die Werkhallen verlassen hat. Die Firma *De Tomaso Automobili S.p.A.* geht auf Antrag eines Gläubigers 2006 endgültig in Konkurs und wird nach mehreren erfolglosen Übernahmen 2012 endgültig aufgelöst. Ein chinesisches Konsortium sichert sich die Markenrechte.

Alejandro de Tomaso, der Argentinier, der die Armbanduhr gern über dem Hemd trug, war eine schillernde Persönlichkeit und ein Tyrann in der Geschichte der Sportwagenhersteller. Er gilt als Klaus Kinski der Automobil- und Motorradszene – markant, eigenwillig, visionär. Einer, der sich in jedes Detail einmischt und nicht delegieren will. Ohne ihn wären Marken wie beispielsweise Maserati und Moto Guzzi längst Fußnoten der Geschichte. Als Partner der GEPI konnte Alejandro de Tomaso mit seinen Ideen punkten, wo andere schon längst die Bücher geschlossen hätten. Ihr Überleben war das Verdienst seiner Ideen. Unter dem Strich rettete Alejandro de Tomaso die Traditionsmarke Maserati vor dem Untergang und schuf mit seiner eigenen Sportwagenmarke einen Mythos. Und er rettete und schuf viele Arbeitsplätze. Wenngleich die staatlichen Mittel, die in seine verschiedenen Aktivitäten einflossen, nur in geringem Maß zurückgeflossen sind.

De Tomaso gilt als ein Hersteller, der häufig Ideen von anderen übernimmt und eigene Ideen auch wieder in andere Modelle einfließen lässt. Dennoch kann er im Schatten der wettbewerbsstarken Sportwagenkonkurrenz in Italien über Jahrzehnte einige beeindruckende Fahrzeuge vermarkten. Sowohl im Rennsport als auch im Sportwagengeschäft hat de

Tomaso viel Aufsehen erregt. Seine Autos sind oft spektakulär, sportlich jedoch ist de Tomaso nie spitze.

Alejandro zählt zu einer der interessantesten Persönlichkeiten in der Automobilgeschichte. Sein Freund und ehemaliger Rennfahrerkollege Colin Davis schildert seine persönlichen Ein- und Ansichten zu Alejandro de Tomaso und seiner Frau Elizabeth „Isabel" Haskell:

„He was a most extraordinary and entertaining person. De Tomaso could talk at length about politics, literature, national defense, so many things ... He had no formal technical engineering but mugged up on engineering textbooks so that he could talk with engineers. He didn't want to be fooled and laughed at. A lot of people found his character abrasive. He has on many occasions blown his own trumpet loudly and perhaps prematurely. His North-American sense of publicity has made many jealous of him and to belittle him. I found him a difficult person to understand."

„You couldn't get a compliment out of him. After I won the Targa Florio, I got congratulary messages from around the world. Then came one from De Tomaso. It said simply, ‚You won because the other broke'. It wasn't true, I had the fastest lap times too. De Tomaso could be remarkably patient. Once when I broke the car, he simply forgot about it. He was intensely ambitious. He was the type who would do something all the way or not at all. He always had a better eye for commerce than other drivers. He once confided in me that his twin brother had been tortured by the Peronistas. It's safe to say that his move from Argentina was not simply an ambi-

tion to become a racing driver, but more his will to stay alive."
„Isabel was not very feminine. I mean it was not usual for a woman at that time to be doing mechanical work or to be a racing driver. But on the other hand, if she was an intellectual, and Isabel was, then you could expect something like that. She had a closed personality on most days but occasionally she would open up …"

Alejandro de Tomaso, der Mann, der mehr als 40 Jahre die italienische Automobilgeschichte mitprägte, verstirbt nach langer schwerer Krankheit am 21. Mai 2003 in Modena, dem Herzen des italienischen Sportwagenbaus. Die Arie der Evita bleibt ungesungen, und auch niemand startet vor der Kirche einen Pantera. Der Argentinier könnte womöglich ein letztes Mal hochschrecken und gegen die italienischen Gewerkschaften, die amerikanischen Sicherheitsbestimmungen oder japanische Motorradimporte wettern. Mag sein, dass es Alejandro de Tomaso mit Billy Wilder hält, der in seiner letzten Biografie schwört, er hoffe nicht auf ein Leben nach dem Tode, weil er dann *„all die Scheißkerle und Hurensöhne wiedersehen müsste"*, die ihm schon früher den Tag verdarben.

Als Firmeninhaber der italienischen Marken De Tomaso, Ghia, Vignale, Moto Guzzi, Benelli, Maserati und Innocenti brachte Alejandro de Tomaso viele erfolgreiche Sportwagen und Motorräder auf den Markt, die in Europa wie auch in den USA große Erfolge feierten. Viele sagen, es sei schwer gewesen, mit Alejandro zusammenzuarbeiten, denn er mochte keine Schwätzer – für ihn zählten Resultate. Und davon hatte er letztlich wahrlich genügend vorzuweisen.

5

BUGATTI

LEIDENSCHAFT UND TRAGIK – EINE REISE ZUM GEGENTEIL DER LANGEWEILE

»Wenn es vergleichbar ist,
ist es kein Bugatti.«

Leitspruch von Ettore Bugatti

Bugatti. Ein legendärer Name. Eine wechselvolle und tragische Geschichte. Die Traditionsmarke lebt immer von ihren Visionären. Die Firma Bugatti ist das Werk eines einzigartigen, einfallsreichen und genialen Künstlers unter den Konstrukteuren: Ettore Bugatti. Die glorreiche Zeit der Marke spielt sich zwischen den beiden Weltkriegen ab und nimmt mit dem Tod ihres unersetzlichen Chefs ein Ende. Zunächst.

Jeder Mensch kann träumen. Träumen ist erlaubt. Doch nicht jeder Mensch besitzt den Mut und bekommt die Gelegenheit, diese Träume anzupacken und Realität werden zu lassen. Ettore Arco Isidoro Bugatti hat sogar große Träume. Der Italiener wird am 15. September 1881 in eine wohlhabende Künstlerfamilie in Mailand hineingeboren. Er nimmt sein Schicksal beherzt in die eigenen Hände und gründet, gerade einmal 27 Jahre alt, ein Unternehmen: Im Jahr 1909 startet Ettore im elsässischen Molsheim, in einer ehemaligen Färberei, die Produktion von Automobilen – und schreibt damit Automobilgeschichte.

In der Familie Bugatti fällt das scheinbar Unvereinbare zusammen: Talent für Kunst und Mechanik, Kreativität und Präzision, Vorstellungskraft und kühle Berechnung. Diese Mehrfachbegabungen finden in verschiedensten Formen über mehrere Generationen Ausdruck: in Möbeln, in Plastiken und Skulpturen sowie im Bau von Automobilen. Ettore Bugattis Vater Carlo ist Architekt, Designer und Dekorateur. Ein seinerzeit sehr bekannter Hersteller von Möbeln, der zudem auch Schmuckstücke entwirft. Man nennt ihn später überall nur den *„Père Ça va"*, weil er stets und ständig jeden fragt: *„Ça va?"* Ettores Großvater Giovanni Luigi Bugatti ist ebenfalls

Architekt und ein Bildhauer. Doch der steckt fast sein ganzes Vermögen – letztlich erfolglos – in sein Hobby: die Erforschung eines Perpetuum mobile. Bugattis Tante, Luigia Bugatti, ist mit dem bekannten Maler Giovanni Segantini liiert. Die Bugattis sind also durch und durch eine künstlerische Familie.

Ettore Bugatti versteht es, das reiche künstlerische Erbe seiner Familie mit seinen technischen Ideen zu verbinden, und schafft somit die Grundlage für eine Designsprache, die die Marke prägen und unverwechselbar machen wird. Seine Markenwerte *„Art, Forme, Technique“* beschreiben diesen außergewöhnlichen Ansatz. Ettore Bugatti strebt danach, ein einzigartiges Gesamtkunstwerk zu schaffen. Er legt mit seinen Ideen und Fahrzeugen den Grundstein für eine Automarke, die damals wie heute zu den renommiertesten und wertvollsten in der Welt zählt.

Der französische Automobilfabrikant italienischer Herkunft zählt zu den bedeutendsten Konstrukteuren und Designern der Automobilgeschichte. Nach seiner Karriere als Rennfahrer wird Ettore Bugatti zum Schöpfer der legendärsten und schönsten Fahrzeuge seiner Zeit. Seine Automobile beeindrucken nicht nur durch ihre schlichte und pragmatisch technische Konstruktion. Neben der überzeugenden und zuverlässigen Technik bestechen seine Modelle vor allem durch Eleganz. Ettore Bugatti selbst ist eine Legende.

Die seinerzeit von Bugatti gefertigten Fahrzeuge zählen zu den edelsten und besten Limousinen und zu den erfolgreichsten Sportwagen. Das Unternehmen ist bekannt für seine Ingenieurskunst. Bugatti gewinnt den ersten Großen Preis von

Monaco. Ferner machen Doppelsiege bei den 24 Stunden von Le Mans die Autos berühmt. Der Bugatti Type 35 ist einer der erfolgreichsten Rennwagen überhaupt in der Geschichte des Motorsports. Keine andere Marke erringt mehr Sportwagensiege – und ist mehr als einmal am Ende.

Seine Kinder- und Jugendjahre verbringt Ettore in seiner Geburtsstadt Mailand. Nach dem Willen seines Vaters soll er eine Laufbahn als Möbelhersteller einschlagen und den Namen für exquisite Möbelstücke weitertragen. Ettores jüngerer Bruder Rembrandt, benannt nach dem berühmten Maler, betätigt sich als Bildhauer und macht sich insbesondere mit seinen Tierskulpturen einen Namen. Ursprünglich waren die Rollen der Söhne vertauscht vorgesehen. Von früher Kindheit an interessiert sich Rembrandt für Mechanik. Und sein Vater unterstützt und ermutigt ihn dahingehend. Rembrandt möchte Ingenieur werden und Lokomotiven bauen. Die Rolle des Künstlers wird Ettore zugedacht. Der ist aber mehr an den Geheimnissen der Technik interessiert. Schließlich setzt sich Rembrandts Talent für das Künstlerische durch und bei Ettore das Interesse und die Begabung für Technik.

Rembrandt ist das stille, scheue Genie – ein ungeliebtes Kind. Und das hat seinen Grund: Rembrandts Niederkunft hinterlässt bei seiner Mutter Teresa ein Geburtstrauma. Sie ist von zarter Natur und hat aufgrund seines mächtigen Schädels eine außerordentlich schwere Geburt. Sie drangsaliert ihn und bringt ihm ein Leben lang weder Zuneigung noch mütterliche Wärme entgegen. Was den sensiblen Jungen schwer trifft und sein gestörtes Verhältnis zu Frauen mitprägt. Sein Bruder Ettore dagegen ist der geliebte Sohn. Rembrandt Bugatti leidet später unter schweren Depressionen und nimmt sich schließlich im Alter von 31 Jahren, am 8. Januar 1916, das Leben.

Bereits im Kindesalter gilt das Interesse von Ettore Bugatti den ersten Automobilen, die damals auf den Markt kommen, und der Technik. Mit 17 Jahren beginnt er eine Lehre bei Prinetti & Stucchi. Eine Mailänder Firma, die Nähmaschinen, Fahrräder, Motorräder und zeitweise auch Autos herstellt. Hier konstruiert er einen Dreirad-Prototypen, angetrieben durch einen De-Dion-Bouton-Einzylindermotor. In einer Werkstatt in Ferrara entwickelt er später gemeinsam mit dem Grafen Gian Oberto Gulinelli einen ersten Sportwagen. Dieser gewinnt 1902 den Grand Prix des Autosalons Mailand. Doch die erfolgreiche Zusammenarbeit endet noch im selben Jahr. Ettore Bugatti zieht es als Chefingenieur und Leiter der Automobilabteilung der Firma De Dietrich nach Niederbronn. Weitere zwei Jahre später schließt sich Bugatti mit dem Autoverkäufer Emil Mathis zur Produktion von Automobilen zusammen. Hergestellt werden die Fahrzeuge bei der *Société Alsacienne de Construction Mécanique* (SACM) in Graffenstaden. 1906 beenden die beiden ihre Zusammenarbeit.

Im darauffolgenden Jahr heiratet Bugatti Barbara Maria Giuseppina Mascherpa. Das Paar lässt sich im elsässischen Molsheim nieder, das damals zum Deutschen Kaiserreich gehörte und erst nach dem Ersten Weltkrieg zu Frankreich kam. Hier errichtet Bugatti seine erste Werkstatt mit Planungsbüro, die nun seinen Namen trägt. Das erste Kapitel der Bugatti-Geschichte beginnt. In den folgenden Monaten konstruiert Ettore Bugatti einen Rennwagen mit Vierzylindermotor und Kardanwellenantrieb. Um den Bau weiterer Automobile finanzieren zu können, nimmt er eine Anstellung bei der Gasmotorenfabrik Deutz AG in Köln an. Es wird eine fruchtbare Zusammenarbeit, bei der Bugatti für die Entwicklung von zwei Vierzylinder-Modellen verantwortlich ist. In Köln wird auch sein erster Sohn Jean am 15. Januar 1909 geboren. Es folgt noch der zweite Sohn Roland. Die Brüder haben zwei ältere Schwestern: L'Ébé Maria Teresa – ihr erster Vornamen ist aus Ettores Initialen „EB" abgeleitet – sowie Lidia Germania Ettorina Maria. Auch in ihrem Vornamen hat sich Ettore verewigt. Zwei Jahre später verlässt Ettore Bugatti die Firma Deutz. Mit dem Ersparten aus seiner Tätigkeit kehrt er nach Molsheim zurück.

Dort mietet er die leeren Fabrikhallen einer ehemaligen Färberei an. Schnell wächst das junge Unternehmen und macht weitere Investitionen notwendig. Die dafür erforderlichen finanziellen Mittel hat Ettore Bugatti zunächst nicht. Doch die beschafft er sich, indem er 1911 die Lizenz eines von ihm konstruierten Kleinwagens an Peugeot verkauft, der unter dem Namen Bébé ein sehr beliebtes Modell des französischen Autobauers wird: In den kommenden Jahren entstehen mehrere Tausend Peugeot Bébé. Durch den finanziellen Erfolg kann sich Bugatti nun weiter auf den Motorsport konzentrieren. Mit der 1914 eingeführten Type 13, die einen damals futuristischen Vierventil-Motor besitzt, kann Bugatti erste Rennerfolge feiern.

Doch der Erste Weltkrieg unterbricht vorerst seine Karriere. Für das Militär konstruiert er in Paris Flugzeugmotoren. Doch der Sportwagen Bugatti Type 13 kann sich bis nach dem Ersten Weltkrieg behaupten – beim Grand Prix von Brescia drei Jahre nach Kriegsende belegt er noch die Plätze eins bis vier. Danach entwickelt Ettore Bugatti den ersten Kompressormotor-Sportwagen.

Seine Rennwagen, lackiert in der französischen Rennfarbe Blau, werden zum inoffiziellen Erkennungszeichen von Bugatti. Ein weiteres charakteristisches Markenzeichen wird die markante ovale Gestaltung des Bugatti-Kühlergrills in Hufeisenform. Und natürlich das Emblem. Das sogenannte *Macaron*, das auf jedem Fahrzeug prangt. Es wird vom Firmengründer selbst gestaltet und definiert: 150 Gramm Sterlingsilber und glänzende Emaille. Der Namenszug in weißer Schrift auf rotem Hintergrund. Darüber stehen die Initialen „EB". Alles umrahmt von 60 roten Punkten. Bereits 1909 fixiert der Chef persönlich die ovale Plakette am Kühlergrill des Bugatti Type 13 – dem ersten offiziellen Modell. Einzige Ausnahme bleibt das Modell Type 41 Royale von 1926, auf dem ein tanzender Elefant als Kühlerskulptur zu sehen ist – eine Hommage an seinen verstorbenen Bruder Rembrandt. Der Herstellungsprozess eines einzigen Emblems dauert heute mehr als zehn Stunden.

Mit den nachfolgenden monumentalen Luxusfahrzeugen Type 41 Royale und Type 50 steigt Bugatti zum bedeutendsten Konstrukteur der frühen Automobilgeschichte auf. Der Type 50 besitzt den ersten Achtzylindermotor mit zwei obenliegenden Nockenwellen. In Anlehnung an die Architektur des Art déco übertrifft der Bugatti Royale mit seinem 12,7-Liter-

Motor, einer Länge von 6,5 Metern, knapp 300 PS und einer Höchstgeschwindigkeit von 200 km/h alle Vorstellungen des technisch Möglichen zu dieser Zeit. Zudem gewinnt Bugatti 1931 das dritte Mal in Folge den Grand Prix von Monaco. Die Marke befindet sich auf ihrem Höhepunkt!

Der Firmengründer hat einen hohen Anspruch; allerdings nicht nur an seine Fahrzeuge, sondern auch an sämtliche Gebrauchsgegenstände des Alltags. „*Ein technisches Produkt ist erst dann perfekt, wenn es auch vom ästhetischen Standpunkt her perfekt ist*", urteilt Ettore Bugatti. Wenn er selbst mit einem Gegenstand nicht zufrieden ist, verbessert er ihn oder produziert ihn gleich selbst: Ettore liebt Pasta über alles und lässt sich seine Nudeln von seinem italienischen Koch stets frisch zubereiten. Dazu benötigt er frische Hühnereier. Eines Tages kehrt er nach einem erfolglosen Einkauf und ohne diese wichtige Zutat verärgert nach Hause zurück. Zudem haben sich die Preise zum wiederholten Male erhöht. Daraufhin beschließt er, selbst Hühner zu halten, und baut seine eigene, kleine Hühnerfarm auf. Den Stall konzipiert er mit Rädern, damit man ihn auf dem weitläufigen Gelände von Château St. Jean verschieben kann. Natürlich sind die Eier durch die Investition letztlich deutlich teurer geworden, als wenn er sie einzeln gekauft hätte. Zumindest sind sie nun aber immer frisch, und Ettore ist nicht mehr abhängig von den Landwirten.

Eines anderen Tages beschwert sich Bugattis Koch über die defekte Nudelmaschine in der Küche. Bis eine neue Maschine vom italienischen Hersteller ins Elsass geliefert werden könnte, würden Wochen vergehen. Da Ettore Bugatti nicht auf die geliebten eigenen Nudeln verzichten will, entwirft er eine neue Maschine. Eine, die einfach zu bedienen ist und zugleich – ganz nach seinem Grundsatz – auch ästhetisch seine Vorstellungen erfüllt. Nach seinen Vorlagen bauen Mechaniker aus seiner Automobilmanufaktur die Maschine zusammen. Ganz Autoproduzent, dient statt eines gewöhnlichen Handrads ein Lenkrad des Bugatti Type 46 als Kurbel, um die Maschine zu bedienen und den frischen Teig in Pasta umzuwandeln.

Wie an der kleinen Hühnerfarm und der Pastamaschine zu erkennen ist, legt Ettore Bugatti viel Wert auf Kulinarik und Genuss. So stört ihn, dass ihm für den Zwischengang eines üblichen Menüs das spezielle Besteck fehlt. Und er beschließt, das perfekte Besteck selbst zu designen. Jedes einzelne Stück trägt sein „EB“-Wappen und liegt ergonomisch perfekt in der Hand. Dazu kommt eine auf ihn abgestimmte Anordnung des Tischgedecks – Besteck, Teller und Gläser, alles muss passen.

Berühmt für sein gutes Benehmen und in Erwartung des Gleichen von seinen Gästen, soll sich Bugatti der Legende nach einst geweigert haben, einem Gentleman königlicher Abstammung ein Auto zu verkaufen, weil er schlechte Tischmanieren zeigte – er konnte einfach nicht richtig mit Messer und Gabel essen. Nicht jeder, der sich einen Bugatti leisten konnte, bekam seinerzeit auch einen! Bugatti besitzt eine schillernde, launenhafte Persönlichkeit und ist sowohl ein eitler Lebemann wie auch ein Gourmet. Rennfahrer, die sich ihm gegenüber als nicht demütig und höflich genug erweisen, verschmäht er genauso wie Kunden ohne Manieren.

der *Fabbrica Blu* von Bugatti in Campogalliano: Armin Johl, Dr. Blum und Jean-Marc Borel
ıter einem Bugatti Type 35.

Bugatti EB 110 in Bugatti-Blau in der *Fabbrica Blu* in Campogalliano.

Bugatti EB 110 in Schwarz in der *Fabbrica Blu*.

Armin Johl neben einem Bugatti Type 41 Royale.

otyp des Edonis (Armin Johl hinter dem Steuer).

ckansicht des Prototypen Edonis.

In der *Fabbrica Blu* von Bugatti in Campogalliano: Armin Johl neben einem Bugatti Type 57 Atalante, Dr. Blum und Jean-Marc Borel neben einem Bugatti Type 35.

Armin Johl mit Jean Todt (Rennleiter) in dessen Büro in Fiorano.

Im Showroom der Firma Seeger in Offenbach: Jochen Maas (links), daneben Armin Johl und Kunde.

Gran Premio del Canada
Montreal, 18 giugno 2000

Lieber Armin,

Viele Danke und beste Grüsse

Brief von Jean Todt mit Siegerfoto vom Großen Preis von Kanada in Montreal 2000.

Armin Johl mit Hans-Joachim Stuck.

Formel-1-Pilot Carlos Reutemann.

Armin Johl mit Catherine Deneuve.

Armin Johl mit Bernie Ecclestone in einem Restaurant in Heidelberg.

GP Suzuka, 12 Ottobre 20

Maranello, October 20

Dear Mr Johl,

I would like to share with you this fantastic and difficult victory!

Kind regards,

Luca di Montezemolo

Brief von Luca di Montezemolo an Armin Johl.

Neben der Leidenschaft für Technik und Autos begeistert sich Ettore Bugatti vor allem für Pferde. Als Experte für Vollblutpferde beschreibt er auch seine Autos ähnlich wie seine Pferde: heißblütig, schnell und auf reine Kraft und Muskeln reduziert. Für Bugatti, der auf Château St. Jean in Molsheim Vollblüter züchtet, sind Pferde in erster Linie nicht Fortbewegungsmittel, sondern edle Tiere.

Im Laufe seines Lebens lässt sich Ettore Bugatti etwa 1000 Erfindungen patentieren. Dazu zählen beispielsweise Aluminiumfelgen, eine unzerbrechliche Windschutzscheibe, ultraleichte Klappsitze und automatische Einfüllverschlüsse. Oder auch seine eigenen sechseckigen Schrauben und Muttern, die besser und stabiler halten als andere, selbst bei schneller Fahrt. Dabei stehen nicht alle Patente in direkter Verbindung zum Auto. Auch über Gegenstände des Alltags macht sich Ettore Bugatti Gedanken und lässt seine neuen Ideen patentieren, wenn sie vielversprechend sind. Darunter unter anderem ein zylinderförmiges Rasiermesser, ein ultraleichter Fahrrad- und Motorradrahmen sowie Sicherheitsschlösser. Sogar eine Wurfrute für Angler entspringt dem Genie des genialen Erfinders. Daneben entwirft er zahlreiche Gegenstände für den praktischen Gebrauch im Alltag: Tore und Türen, Leuchtkörper, Sessel, Schraubstöcke, OP-Besteck, Pferdegeschirr oder Fensterjalousien.

Ettores ältester Sohn Gianoberto Maria Carlo, genannt Jean, tritt 1933 in das Unternehmen ein. Jean war zuvor für das US-Unternehmen Duesenberg tätig und zeichnete dort mitverantwortlich für den großen 16-Zylindermotor. Als Karossier hat er von nun an im elterlichen Betrieb entscheidenden Einfluss auf die Entwicklungen und das Design in Molsheim. Mit gerade mal 23 Jahren entwirft er den heute berühmten Bugatti Royale, einen sechs Meter langen Zweisitzer.

Zudem hat er auch maßgeblichen Anteil an den Bauformen der berühmten Bugatti-Ikonen schlechthin: den Sportwagen-Typen 57 Atalante und Atlantic. Mit diesen gewinnt man in den Jahren 1937 und 1939 die 24-Stunden-Rennen von Le Mans. Jean zeigt einen Instinkt für fließende Konturen, Formen und Proportionen – im Gegensatz zu seinem Vater. Für Ettore müssen Autos funktional und minimalistisch sein. Jean konstruiert Motoren, Chassis und verbessert die Technik der Autos.

Der talentierte Sohn übernimmt immer mehr Aufgaben seines Vaters. Gelegentlich betätigt er sich auch als Testfahrer der eigenen Automobile. Nach einem vorausgegangenen Streik der Mitarbeiter im Bugatti-Werk übernimmt Jean Bugatti 1936 schließlich die Geschäftsführung von seinem Vater. Ettore Bugatti selbst konzentriert sich von nun an verstärkt auf Schienenfahrzeuge mit Verbrennungsmotoren. Doch die Geschichte der Familie Bugatti verläuft leidvoll und tragisch weiter.

Wenige Tage vor dem Ausbruch des Zweiten Weltkriegs unternimmt Jean Bugatti eine Testfahrt mit einem Bugatti 57 C, der kurz zuvor das 24-Stunden-Rennen von Le Mans gewonnen hat. In Duppigheim, knapp zehn Kilometer vom Werk entfernt, passiert die Tragödie. Mit über 200 km/h weicht

Jean einem Fahrradfahrer aus, der plötzlich aus einem Feld herauskommt. Dabei überschlägt sich das Fahrzeug mehrmals und prallt gegen zwei Bäume am Straßenrand. Jean wird bei dem Unfall aus dem Wagen geschleudert. Obwohl die Strecke abgesperrt ist, bemerkt niemand der Anwesenden den Radfahrer, der wie durch ein Wunder nur leicht verletzt wird. Für Jean jedoch kommt jede Hilfe zu spät. Das Lenkrad, das durch die Wucht des Aufpralls glatt abgerissen wird, hält Jean – der Legende nach – noch sterbend in den Händen. Sein Vater wird umgehend telefonisch verständigt und eilt in seinem Royale sofort nach Molsheim. Wie es in diesem Moment in Ettore aussieht, weiß niemand. Den Tod seines Sohnes kann er nicht verwinden, und er wird sich von dem Verlust nie erholen. Das Unternehmen Bugatti verliert seinen designierten Erben. So viele Hoffnungen haben auf dem hochtalentierten Jean geruht ... Und von den finanziellen Nöten der Firma ahnt in diesem Moment kaum jemand.

Der Tod Jean Bugattis und der drei Wochen später beginnende Zweite Weltkrieg treffen das elsässische Unternehmen härter als die Weltwirtschaftskrise ein Jahrzehnt zuvor – er bringt viel Zerstörung und Unsicherheit nach Molsheim. Ettore flieht vor der Deutschen Wehrmacht nach Bordeaux und kommt erst nach Kriegsende zurück nach Molsheim, plant aber die Errichtung einer neuen Fabrik bei Paris. Für die Zeit nach dem Krieg hat er bereits erste neue Fahrzeuge entworfen. Doch das Geschäft und seine Gesundheit haben während der Kriegsjahre bleibenden Schaden genommen. Und auch privat gab es Veränderungen. Nachdem seine Ehe mit Frau Barbara gescheitert ist, lebt er seit einiger Zeit mit der 40 Jahre jüngeren Geneviève Delcuze zusammen. Aus dieser Verbindung, die erst nach dem Tod von Barbara 1946 legalisiert wird, gehen zwei Kinder hervor: Therese, Jahrgang 1942, und Michel, Jahrgang 1945. Den anstrengenden juristischen Auseinandersetzungen um den Verbleib der Fabrik folgen ein Zusammenbruch, eine beginnende Grippe und kurz darauf ein Schlaganfall. Ettore Bugattis Kraftreserven sind erschöpft. Nur knapp ein Jahr nach seiner zweiten Hochzeit verstirbt er am 21. August 1947 in Paris.

Die Geschäftsführung geht an seinen zweiten Sohn Roland über. Anders als Jean fehlt es Roland jedoch an Wissen, Geschick und der notwendigen Fortune. Er schafft es nicht, an die glorreichen Zeiten der Marke anzuknüpfen. Der Versuch eines motorsportlichen Neuanfangs Mitte der 1950er-Jahre mit dem glücklosen Rennwagen Type 251 und dem Prototyp 252 scheitern. In den folgenden Jahren fertigt Bugatti für andere Firmen wie Simca und Hispano-Suiza Motoren und Rotorblätter für Hubschrauber. Außerdem hält sich die Firma mit den Reparaturen und Wartungen von alten Bugatti-Fahrzeugen über Wasser. Schließlich übernimmt der Rüstungskonzern und ehemalige Luxusfahrzeughersteller Hispano-Suiza die seit Jahren dahinsiechende Firma. In den 1920er-Jahren haben Hispano-Suiza, Bugatti, Maybach und Rolls-Royce mit ihren schweren und eleganten Luxuslimousinen noch gemeinsam um die Gunst der Superreichen gewetteifert. Insgesamt wurden bis dahin rund 6600 Bugattis gefertigt. Der Firmensitz bleibt weiterhin in Molsheim, aber um die Automobile bleibt es still ... zumindest für viele Jahre.

Der Südtiroler Romano Artioli ist Italiener, Autonarr und Selfmademan. Und er hat es sich zur Aufgabe gemacht, Bugatti wiederzubeleben. Das zweite Kapitel der Bugatti-Geschichte beginnt. 20 Jahre alt ist Artioli, als er vom Ende der Produktion bei Bugatti hört. Und damals schwört er sich: *„Wenn niemand auf die Situation bei Bugatti reagiert, werde ich so lange arbeiten, bis ich die Marke eines Tages zurückbringen kann."* Schließlich dauert es noch knapp 40 Jahre, bis es so weit ist ...

Bis dahin arbeitet Artioli als erfolgreicher Ferrari-Händler in Norditalien und Süddeutschland. Begonnen hat er in Mantua mit der Reparatur und dem Verkauf der Marken Alfa Romeo, Borgward und Renault. Danach ist er der erste Suzuki-Importeur Italiens. Schließlich erwirbt Romano Artioli Mitte der 1980er-Jahre die Namensrechte der Traditionsmarke Bugatti, nachdem der französische Staat zunächst wenig Interesse gezeigt hat, die Namensrechte der traditionsreichen Elsässer Automanufaktur zu veräußern, in dessen Besitz sie mittlerweile sind. Artioli gründet die *Bugatti Automobili S.p.A.* Sein Ziel lautet, wieder ein Fahrzeug unter dem Namen Bugatti auf die Straße zu bringen.

Der Anfang ist steinig. Zunächst will Artioli Bugatti wieder in Molsheim auferstehen lassen. *„Molsheim ist vergleichbar mit Maranello in Italien und Hethel in England. Es ist ein Tempel für Bugatti, doch gab es seinerzeit weder Hallen noch Techniker in der Region"*, so Artioli. Schließlich findet er in Campogalliano, nahe Modena und in prestigeträchtiger Umgebung, den passenden Standort. Auch qualifizierte Mitarbeiter sind hier, bedingt durch die Nähe zu den anderen Supersportwagen-Marken, leichter zu finden. Für sein Projekt der Wiedergeburt wirbt Artioli Top-Ingenieure und -Designer aus der Region an. Eine Vielzahl von Spezialisten wird zusammengezogen, darunter Paolo Stanzani und Marcello Gandini, die seinerzeit für den Lamborghini Countach verantwortlich zeichneten. Die Fertigung ist mit ehemaligen Lamborghini-Technikern und erfahrenem Ferrari-Personal besetzt. Rund 200 Mitarbeiter zählen zur Belegschaft.

So entsteht nordwestlich von Modena auf 240.000 Quadratmetern die modernste Automanufaktur der Welt. Ein neues Werk der Superlative. Entworfen vom renommierten italienischen Architekten Giampaolo Benedini, heimst die sogenannte *Fabbrica Blu* auch Architekturpreise ein. Neben Verwaltung, Designstudio, Motor- und Testentwicklung und Produktionshallen gibt es auch eine Teststrecke und eine Fahrzeugausstellung. Zum 109. Geburtstag Ettore Bugattis am 15. September 1990 wird das neue Werk nach dreijähriger Bauzeit eröffnet. Zu diesem Zweck fahren 77 Vorkriegs-Bugattis von Molsheim nach Campogalliano. Der Neuanfang wird gebührend begangen. *„Die blaue Fabrik setzte Maßstäbe in der Automobilindustrie"*, so der spätere Bugatti-Präsident Stephan Winkelmann. *„Sie ist mehr Manufaktur als Industrieanlage. Romano Artioli hatte ein Gespür für Innovationen, war sich der französischen Geschichte und Bedeutung von Bugatti immer bewusst."* Selbst eine antike Holztür aus dem früheren Werk in Molsheim, durch die Ettore Bugatti schritt, integriert Artioli im neuen Gebäude. Originale Zeichnungen von Ettore Bugatti, französische Fahnen sowie ein Bugatti Type 35 zieren die Empfangshalle in Campogalliano. Die Hallendecke eines Raumes ist einem Rad des Bugatti Type 59 nachempfunden.

Die Wiederbelebung der Traditionsmarke gelingt sehr erfolgreich: Das Ergebnis ist der einzigartige EB 110. *„Beim EB 110 mussten wir Grenzen verschieben – bei der Performance und bei der Qualität, das war ich Ettore Bugatti schuldig. Stückzahlen waren weniger wichtig als kompromisslose Qualität und Innovationen"*, erklärt Artioli. *„Dank Artiolis Initiative und seiner Beharrlichkeit wurde Bugatti wiederbelebt. Romanos Energie und Begeisterung, seine ungebrochene Leidenschaft hat der Marke geholfen, sie ins 21. Jahrhundert zu transportieren"*, würdigt ihn Präsident Winkelmann.

Genau 110 Jahre nach Ettores Geburtstag feiert Bugatti 1991, unter italienischer Unternehmensführung, mit dem legendären Supersportwagen EB 110 in klassischem Bugatti-Blau stolz den Geburtstag und das Vermächtnis des Firmengründers und der französischen Luxusautomobilmarke. Präsentiert wird das Fahrzeug am 15. September 1991 in Paris. Zur Premiere kommen mehr als 5000 Pressevertreter und Industriegrößen aus aller Welt. Alain Delon fährt mit Artiolis Ehefrau Renata im neuen Bugatti die Champs-Elysées hinunter. Mit Allradantrieb, vier Turboladern, einem 3,5-Liter-V12-Motor und 560 PS. Das bringt den EB 110 in der Super Sport (SS)-Version bis zu 351 km/h schnell voran.

Die Entstehung des Supersportwagens beginnt auf einem weißen Blatt Papier. Er bricht mit vielen Konventionen und wird das beste und schnellste Serienfahrzeug seiner Zeit. Voller Innovationen, wie beispielsweise dem ersten in Serie gefertigten Carbon-Monocoque. Gleichzeitig steht der neue Bugatti mehr in der Tradition eines Lamborghini Countach. Traditionalisten kritisieren den fehlenden Bezug zum seinerzeit markanten, unverwechselbaren Design aus Molsheim. Prominentester Kunde ist Michael Schumacher. Bei einem Vergleichstest mehrerer Supersportwagen ist er vom EB 110 begeistert und bezeichnet ihn als *„unvergleichlich"*. *„Michael kam sofort danach nach Campogalliano und kaufte einen gelben Super Sport mit blauem GT Interieur. Er fragte nicht nach einem Rabatt – er war schlicht ein Fan"*, erinnert sich Artioli.

Doch 1995 ist schon wieder Schluss, und das Unternehmen muss aufgrund wirtschaftlicher Schieflage Konkurs anmelden. Nach 128 gebauten Bugattis wird Insolvenz angemeldet. Finanzkrise, Rezession, Golf-Krieg, Anstieg des Yen-Kurses, Einbruch der Konjunktur in Italien – die Märkte und Absätze schrumpfen zu Beginn der 1990er-Jahre. Zu diesem Zeitpunkt erwirbt Artioli aus dem Besitz von General Motors zudem die Sportwagenfirma Lotus. Diese Übernahme beschert der Lotus-Fangemeinde zwar den Sportwagen Elise – benannt nach Elisa, der Enkelin Artiolis –, doch damit steigen die Verbindlichkeiten weiter, und Probleme mit Lieferanten tun das Übrige. Die finanziellen Reserven sind erschöpft. 40 Jahre Träumen und sieben Jahre Arbeit beenden das Projekt „Bugatti" für Artioli. Insgesamt hat er – nach eigenen Angaben – zahlentechnisch passenderweise auch 110 Millionen Euro in das Abenteuer Bugatti gesteckt. *„Die Mitarbeiter haben den Geist Bugattis verstanden und den EB 110 so speziell gemacht. Das alles zu verlieren war ein Schock, ein grausamer Tag für uns alle"*, bilanziert Artioli. Die Mitarbeiter werden von Artioli bis zum letzten Tag bezahlt. In einem Interview in der *Frankfurter Allgemeinen Zeitung* resümiert er später: *„Die Verwirklichung eines solchen Traums scheint einfach und entpuppt sich in der Praxis als eine Verrücktheit."*

Den vom Designstudio ItalDesign fast fertiggestellten Nachfolger EB 112, der mit Hufeisenform-Kühler und abgerundetem Heck wieder wesentlich stärker an die Tradition von Bugatti erinnert, kann er nicht mehr präsentieren und die Rechnungen für den Prototypen nicht mehr zahlen. Doch der Mythos schläft nicht allzu lange. Der nächste Visionär tritt auf den Plan ...

Das dritte Kapitel der Wiederbelebung von Bugatti beginnt. Der Legende nach skizziert Volkswagen-Konzernboss Ferdinand Piëch während einer Dienstreise auf einem Briefumschlag einen gigantischen 18-Zylindermotor, eine Kombination aus drei VR6-Aggregaten. Allerdings gibt es im Volkswagenkonzern damals kein Auto, das eines solchen Motors würdig gewesen wäre. Nachdem BMW Ferdinand Piëch in letzter Minute die Rechte an Rolls-Royce wegschnappt und – ebenfalls der Legende nach – sein jüngster Sohn Gregor seinen Vater um ein Modellauto des Bugatti Type 57 Atlantic bittet, kommt ihm die Inspiration: Der Volkswagenkonzern sichert sich und erwirbt schließlich innerhalb weniger Monate von Romano Artioli die Design- und Namensrechte an Bugatti. Der Konzern pflegt die Traditionsmarke seit 1998 und baut bald teure Sportwagen wie den Bugatti Veyron und den Chiron.

Der Stammsitz wird von Volkswagen aufwendig saniert und liegt seitdem wieder in Molsheim. Das Château St. Jean dient heute wie damals als Repräsentanz der Marke Bugatti. Die ehemalige Fertigung wird durch das sogenanntes „Atelier“ ersetzt, so dass Bugatti wieder am alten Standort in Molsheim produziert. Für die einzigartige Manufaktur in Campogalliano haben die Wolfsburger keine Verwendung mehr. Sie verfällt seither.

Noch im selben Jahr wird ein erstes Konzeptmodell, der EB 118 mit besagten 18 Zylindern präsentiert. Weitere Studien folgen, so der EB 218. Schließlich ändert sich noch vieles von der Motorenskizze auf dem Briefumschlag bis hin zum fertigen Bugatti Veyron 16.4, der 2001 erscheint. Letztlich sorgen zwei V8-Motoren auf einer gemeinsamen Kurbelwelle dafür, dass eine Leistung von 1001 PS, eine Höchstgeschwindigkeit von über 400 km/h und eine Beschleunigung von unter drei Sekunden von 0 auf 100 km/h erreicht werden. Die Produktion des Veyron startet aufgrund von technischen Schwierigkeiten erst weitere vier Jahre später. Auf den Veyron folgt der noch stärkere Chiron mit sagenhaften 1500 PS, begleitet von diversen Sondermodellen.

Somit ist die jüngste Wiederbelebung der Marke Bugatti dem inzwischen verstorbenen Enkel Ferdinand Porsches zu verdanken, der auch für so ehrgeizige Projekte wie den Porsche 917 und den Audi Quattro verantwortlich zeichnete. Und über den ein Journalist einst schrieb, dass er *„beim Umgang mit Nockenwellen mehr Feingefühl als bei der Auswahl und Führung von Mitarbeitern zeigt.“*

Im Jahr 2021 bringt Volkswagen seine edelste Konzerntochter in ein Gemeinschaftsunternehmen von Porsche und der kroatischen Elektromarke Rimac ein. Mate Rimac übernimmt mit 55 Prozent die Aktienmehrheit und als dritter Visionär die Edelmarke Bugatti. Auf einen Italiener folgen also ein Österreicher und schließlich ein Kroate. Das vorläufig letzte Kapitel der Bugatti-Geschichte.

Armin Johl über BUGATTI

»Meine Reise führte mich ins Herz der italienischen Sportwagenherstellung: in die Gegend um Modena. Dorthin, wo auch Ferrari, Maserati, De Tomaso und Lamborghini ihr Zuhause haben.

Wo sonst auch könnte die neue Heimat der legendären Autoschmiede Bugatti liegen ...? Das Städtchen, in dem 1987 die Marke Bugatti wiederbelebt wurde, heißt Campogalliano. Zur Zeit meines Besuches hatten die Besten der Besten, zwei Männer, die schon bei Ferrari, Lamborghini und Maserati ihr technologisches und merkantiles Talent und Können unter Beweis stellten, die Federführung: Romano Artioli und Jean-Marc Borel. Artioli war in den 1980er-Jahren der Chef einer der weltweit größten Ferrari-Stützpunkte und der erste Suzuki-Importeur Italiens. Er war es, der die Bugatti International Holding in Luxemburg gründete, die 1987 die Markenrechte an Bugatti übernahm. Wie existenziell klug dieser Schachzug war, sollte sich erst Jahre später herausstellen. Davon aber später mehr.

Das erste von Artioli angetriebene Projekt war die Entwicklung des Supersportwagens EB 110, der bei seiner Präsentation im Jahr 1991 als weltweit fortschrittlichster Supersportwagen galt. Wohl auch deshalb wurde er, unter anderem, von Kennern wie Michael Schumacher gekauft.

Im Jahr der Präsentation wurde bereits der EB 112 entwickelt, der wegen seines V12-Motors, seiner Leistung von

525 PS und seiner extremen Länge von 5,07 Metern auch „Powertrain" genannt wurde. Bewunderung fand er aber nicht nur wegen seiner beeindruckenden Leistungsdaten, sondern vor allem wegen seiner atemberaubenden Formsprache, die eine geniale Verbindung von Klassik und Moderne darstellte. Die Designer des Porsche Panamera haben sich rund 20 Jahre später gerne an den EB 112 erinnert ...

Während der Artioli-Ära wurden insgesamt 114 Bugattis gebaut. Übrigens fiel mir auf, dass einige Leute, die ich vom Sehen her von Lamborghini und Ferrari kannte, nun in der Fertigung beziehungsweise Montage der Bugatti-Fabrik tätig waren.

Wegen der äußerst schwierigen Lage auf den Absatzmärkten in Europa und den USA musste 1995, wie bereits 1963, Konkurs angemeldet werden. Die Produktion wurde eingestellt. Und jetzt komme ich auf den Schachzug „Holding in Luxemburg" von Romano Artioli zurück. Durch diese Aktion konnte der Konkursverwalter lediglich die Fabrik „ausschlachten". Der Name Bugatti konnte somit glücklicherweise erhalten werden – und wurde, Jahre später, von keinem geringeren als Ferdinand Piëch gekauft.

Aber zurück zu meinem damaligen Besuch in Campogalliano. Die Fabrik – ich habe nie eine schönere gesehen – lag direkt an der Autobahn. Ich bog von der Autostrada ab und fuhr direkt auf sie zu. Mittels eines Elektromotors öffnete sich wie von Geisterhand die Fabrikmauer, und ich fuhr ehrfurchtsvoll auf das Werksgelände. Eine attraktive

Dame im eleganten, dunkelblauen Kostüm winkte mich heran und führte mich in den mit Mosaik ausgelegten Empfangsbereich. An der hinteren Wand waren die italienische und die französische Flagge drapiert. Die italienische für den Italiener Ettore Bugatti. Die französische für den ersten Firmensitz von Bugatti in Molsheim in Frankreich. Der Blickpunkt im Empfangssaal war ein Bugatti EB 110. 110 deshalb, weil diese Zahl an den Geburtstag von Ettore Bugatti vor 110 Jahren erinnern sollte.

Mit seinen zwölf Zylindern, vier Turboladern und Allradantrieb war der im typischen Bugatti-Blau lackierte und 1991 präsentierte Sportwagen in Leistung und Erscheinungsbild seiner Zeit weit voraus und gehört auch heute noch zur Hautevolee der automobilen Juwelen – meine damals weichen Knie legten davon jedenfalls beredtes Zeugnis ab. Federführend bei der Entwicklung des Motors dieses Wunderautos war der geniale Nicola Materazzi, der schon an der Entwicklung des Ferrari 288 GTO und des F40 maßgeblich beteiligt war. Generaldirektor war in dieser Zeit Paolo Stanzani, der vorher in gleicher Position bei Lamborghini gearbeitet und sich dort mit Valentino Balboni, dem Testfahrer von Lamborghini, angefreundet hatte.

Wieder zurück zu meinem Besuch: Auf dem Firmengelände gab es ein traumhaftes, mit einem Luxushotel vergleichbares Gästehaus, das die Kundschaft und Gäste von Bugatti, gratis versteht sich, nutzen konnten. Darüber hinaus gab es ein Restaurant, das mit jedem 3-Sterne-Tempel mithalten konnte. Hier traf ich meinen Freund

Jean-Marc Borel, um bei einem „Champagner EB 110", aus einem der honorigsten Häuser von Reims, Neuigkeiten auszutauschen. Während des Gesprächs, ich traute meinen Ohren kaum, offerierte mir Jean-Marc, dass er mir für den nächsten Tag den EB 110 zur Verfügung stellen wolle. Zwölf Stunden später begab ich mich gespannt, aber überglücklich und in erwartungsvoller Hochachtung, zum Objekt meiner Begierde, das mich, blank gewienert bis zum „geht nicht mehr" und majestätisch positioniert, erwartete. Nach einer kurzen Einweisung glitt ich hinter das mit feinstem Leder bezogene Volant, gab mir eine andächtige Sekunde Zeit und startete dann die 560 Pferdestärken. Während mir das verhaltene Grollen einen Schauer über den Rücken jagte, rollte ich, jede Sekunde genießend, aus der Parkbucht auf das Firmengelände. Dort wiesen mir Pylone, die wie von Geisterhand bewegt aus dem Boden wuchsen, den Weg zur Autostrada 22. Tja, und dann ließ ich meinen Traum Wirklichkeit werden, ich gab den Pferdchen die Sporen. Die Tachonadel überschritt bald die 300 km/h ... unbeschreiblich, Genuss ohne Grenzen, ohne Worte ...

Jahre später zog es mich zurück nach Campogalliano. Die ehemals heiligen Hallen waren verwaist. In etwa fünf Gehminuten Entfernung entdeckte ich ein beeindruckendes, neues Gebäude. Dort klopfte ich an. Keine Reaktion. Ich schnappte mir das Handy, und nach einem kurzen Telefonat öffnete mir Jean-Marc Borel die Tür und führte mich hinein ins Paradies – etwa 100 Mechaniker werkelten an einem Nachfolgemodell des EB 110. Mit leuchtenden

Augen erklärte mir Jean-Marc, dass er diesen Boliden zum Spitzenprodukt des Sportwagenbaues heranzüchten wolle – mit 760 PS und einem Kampfgewicht von 1200 Kilo. Danach lud er mich, wie schon einige Jahre zuvor, zu einer Probefahrt und damit zu einem weiteren unvergleichlichen Erlebnis ein. Leider, und mir blutet heute noch das Herz, ging das Fahrzeug nie in Serie. Der Investor stellte die Zahlungen ein. Es blieb lediglich bei zwei Prototypen: einem Edonis (Vergnügen) in leuchtendem Rot und einem golden lackierten.

Dass die Bugatti-Geschichte trotzdem gut ausging, liegt an einem Österreicher. Einem, den ich vorher schon angesprochen habe: Ferdinand Piëch. Der nämlich erkannte die Strahlkraft und, wenn ich das so sagen darf, die Herrlichkeit der Marke Bugatti. Piëch packte die Chance beim Schopf und kaufte die Rechte des legendären Namens. Neben Bentley gliederte er Bugatti in das Nobelsegment des VW-Markenportfolios ein.«

Die Grundidee Ettore Bugattis war die Konzentration auf das Wesentliche. Kein Schnickschnack, nichts Überflüssiges. Zum einen finden die Fahrzeuge Gefallen wegen ihrer Technik, andererseits ist es ihr Design, das begeistert. Vermutlich wirken die Fahrzeuge noch heute so elegant und schön, weil Ettore in seiner Kindheit so viel mit Kunst und Design zu tun hatte.

6

ARMIN JOHL

DER EHEMALIGE LEDERWAREN-KÖNIG AUS OFFENBACH PLAUDERT AUS DEM NÄHKÄSTCHEN

»Für mich war das mein Leben: Da unten in Italien zu sein, denn es kommt immer auf die Menschen im Leben an, auf die Bezugspersonen. Egal ob bei Lamborghini oder Ferrari, ich habe mich dort einfach wohlgefühlt.«

Armin Johl

In meinem Leben hatte ich die verschiedensten Sportwagen. Die meisten stammten aus italienischen Manufakturen. Von Lamborghini waren es anfangs die Typen Miura S und Miura SV. Der Miura S, den ich zunächst besaß, war ein traumhaftes Auto. Irgendwann wollte ich dann aber einen Miura SV. Mit den breiteren Hinterreifen und ohne die Wimpern an den Frontscheinwerfern gefiel er mir noch besser. Den SV kaufte ich privat, aus erster Hand, von einem Herrn aus Bayern. Ein sehr gut gepflegtes Exemplar, ohne jeden Makel. Parallel dazu kaufte ich mir noch einen Countach der ersten Serie: den LP400 – ohne die späteren Karosserieverbreiterungen. Ebenfalls ein sehr schönes Fahrzeug. Außen in Grün lackiert, innen mit cognacfarbener Lederausstattung. Später folgte dann ein Countach 5000 S QV. Meine Philosophie lautete, nie mehr als drei Fahrzeuge zu besitzen, da ich auch nur drei Garagen hatte. Und selbst bei drei Autos fällt die Auswahl oft schwer.

Von Ferrari besaß ich über die Jahre hinweg etliche Modelle. Das waren im Einzelnen die Modelle: 365 GTB/4 (Daytona), 246 GTS (Dino), 400i, 512 BBi, 365 GTC, 328 GTS, 288 GTO und ein F40 – der dritte je gebaute. Von Maserati besaß ich lediglich den 3200 GT aus der ersten Serie, den mit den Bumerang-Heckleuchten. Von De Tomaso habe ich nie ein Fahrzeug besessen. Allerdings hat mir der Mangusta immer sehr gut gefallen; insbesondere die beiden Heckklappen zum Öffnen des Motorraums. Das sah geöffnet toll aus. Allerdings war die Bestückung mit den amerikanischen Großserienantrieben nicht nach meinem Geschmack.

Von Bugatti hatte ich selbst nie ein Fahrzeug besessen. Ich spielte mit dem Gedanken, jedoch war es mir zu unsicher hinsichtlich der weiteren Entwicklung und dem Fortbestand der

Marke. Hier kam dann auch die Ersatzteillage und -versorgung mit ins Spiel. Mit großem Vergnügen bin ich aber eine Woche lang den EB 110 gefahren, der mir von Bugatti als Testfahrzeug überlassen wurde.

Beim Kauf meines vierten Lamborghini, eines fabrikneuen Countach 5000 S QV erlebte ich eine Überraschung: Zum Abholen des Fahrzeugs begleiteten mich meine Frau Rita und mein Sohn Benjamin nach Sant'Agata. Als wir im Werk ankamen, wartete das Fahrzeug bereits auf uns. Der schwarze Countach war mit einer großen Schleife geschmückt. Darauf stand: „Für unseren Freund Armin Johl." Das war für mich ein außerordentlich schöner und gleichzeitig auch sehr berührender Moment. Die Schleife haben wir gemeinsam durchschnitten und unser neues Auto im Empfang genommen. Im Anschluss sind wir mit unserem neuen Sportwagen direkt von Sant'Agata weiter an die Côte d'Azur gefahren. Unser Ziel hieß Monte Carlo. Hier wollten wir uns vor Ort live den Großen Preis von Monaco in der Formel 1 ansehen. Auf dem Weg Richtung Frankreich wurden wir noch in Italien von der *Polizia Stradale* mittels Blaulichts abgefangen. Die *Carabinieri* waren ganz begeistert, einen Countach in freier Wildbahn zu sehen, und fragten mich, nachdem sie die Wagenpapiere kontrolliert hatten, ob sie einige Fotos des Supersportwagens schießen dürften.

Großes Aufsehen erregten wir mit unserem neuen Auto auch bei unserer Ankunft vor dem Hotel *Loews*. Zu dieser Zeit war es eine kleine Sensation, dem Öffnen der Countach-Scherentüren zuzusehen. Nicht jeder Passant in Monte Carlo hatte so etwas schon einmal gesehen. Der Hotelmanager des *Loews*, Monsieur La Plane, empfing uns herzlich und regelte den Menschenauflauf vor Ort. Anschließend konnte ich meinen neuen Countach bequem in die hoteleigene Tiefgarage fahren. Währenddessen drapierte meine Frau in unserem Hotelzimmer einen Testfahrer-Overall auf meinem Bett, den mir Valentino Balboni geschenkt hatte. Als dies der offenbar verdutzte Kofferträger sah, meinte meine Frau lapidar zu ihm: „Mein Mann schläft immer nur darin!"

Den damaligen Lamborghini-Verkaufsleiter Ubaldo Sgarzi unterstützte ich einmal beim Essen mit drei asiatischen Kunden als Dolmetscher. Ubaldo verkaufte der Gruppe schließlich drei neue Countachs. Kurios dabei war, dass die Gäste – aus einer anderen Kultur stammend – beim Essen die Wasserschalen mit Zitronen, die eigentlich zum Händereinigen dienten, austranken. Ich sagte zu Ubaldo, dass es unhöflich sei, wenn er das jetzt nicht auch machen würde. Schließlich tat er es dann. Später amüsierten wir uns immer wieder über diese Geschichte, die letztlich in einem erfolgreichen Deal für Lamborghini endete!

Das Königshaus von Saudi-Arabien plante seinerzeit, 1000 Lamborghini LM 002 in Tarnfarbe und mit aufgepflanzter Flak für die landeseigene Armee bei Lamborghini in Auftrag zu geben. Von dem riesigen Jeep gab es bereits einige Prototypen. Ferruccio Lamborghini bot mir an, mit ihm in einem dieser Prototypen eine kleine Spritztour zu machen. Wir fuhren mit dem Fahrzeug aus der Werkhalle Richtung Werktor.

Dort angekommen, lud er spontan einige Amerikanerinnen, die dort standen, ein, mitzufahren. Sie sagten sofort zu, und es ging über die vielen kleinen Landstraßen der Gegend um Sant'Agata. Ferruccio fuhr sehr schnell, und das Ende der Straße war nicht einsehbar. Uns wurde mulmig. Doch Ferruccio kannte die Strecke natürlich, und die Straße machte eine weitgezogene Linkskurve, so dass es keinen Grund zur Sorge gab. Dennoch sah es sehr gefährlich aus. Der LM 002 war ein tolles Gefährt, wenngleich der Auftrag der Saudis letztlich ausblieb.

Unter der gesamten Belegschaft des Lamborghini-Werks habe ich damals zu Weihnachten in meinem Namen 300 Flaschen Lamborghini-Wein verteilen lassen. Das war bereits unter der Ägide des späteren Eigentümers Patrick Mimran. Einigen Mitarbeitern in der Firma war ich damals zu Dank verpflichtet: unter anderem Otello, dem Lackierer bei Lamborghini, der mir meinen neuen Countach mit Klarlack überzog. Und im Motorenbereich optimierte mir zudem der zuständige Ingenieur den Motor meines Countach. Irgendwann habe ich sogar eine Auflistung mit allen Fahrgestell-/Chassis-Nummern aller gebauten Miuras bekommen. Darin waren die Namen der Erstbesitzer, der jeweilige Händler, an den das Auto ausgeliefert wurde, die Farbe, die Innenausstattung und so weiter verzeichnet. Das habe ich gehabt. Mittlerweile wurde mir sogar eine Firmen-Stechkarte mit meinem eigenen Namen zuteil. Die nutzte ich bei jedem Besuch im Werk. Das bedeutete für mich: Ich konnte kommen und gehen, wann ich wollte.

Bei Lamborghini gab es eine Art großen Tisch, auf dem zwölf Quecksilbersäulen montiert waren. Die Schläuche von den einzelnen Säulen wurden auf den Motor gesteckt. So konnte man sehen, wie die einzelnen Zylinder liefen, und konnte den Motor entsprechend einstellen. Eventuelle Ausreißer konnte man optisch erkennen und sie entsprechend nachjustieren. Das war interessant zu beobachten, und es hat mir richtig gut gefallen. Da ich an der Technik immer sehr interessiert war, nahmen mich die Ingenieure oft mit und erklärten mir, was sie gerade machten. Oft habe ich mir eine Woche Zeit genommen, wenn ich nach Italien gereist bin. Ich war zurückhaltend, habe mir alles erklären lassen, ohne den Mitarbeitern dabei auf die Nerven zu gehen. Valentino fand mein Verhalten auch in Ordnung.

Mit dem Lamborghini International Owners Club sind wir einmal alle zusammen nach Monte Carlo zum Grand Prix gefahren. Uns wurde vor dem Formel-1-Rennen erlaubt, mit unseren Fahrzeugen aus allen Baujahren fünf Runden auf dem Stadtkurs zu drehen. Ich war mit meinen beiden Lamborghinis da; Valentino fuhr meinen Miura SV und ich den Countach. Das war ein sehr beeindruckendes Erlebnis, den Stadtkurs von Monte Carlo mit dem eigenen Fahrzeug befahren zu dürfen.

Ich erinnere mich an ein Formel-1-Rennen in Dijon-Prenois, eines der spektakulärsten, die ich je live erlebt habe. Gilles Villeneuve fuhr im Ferrari an zweiter Stelle liegend, drei Runden vor Schluss vor René Arnoux in einem Renault. Viele Kurven hintereinander sind beide Rad an Rad gefahren, haben sich gegenseitig überholt und sich des Öfteren sogar berührt. Irgendwann kam Villeneuve an ihm vorbei. Es war sensationell. Gilles Villeneuve wurde schließlich hinter Jean-Pierre Jabouille Zweiter, ebenfalls auf einem Renault Turbo. Ich war immer Formel-1-begeistert, und das war eines der größten Duelle in der Formel-1-Geschichte: Es war am 1. Juli 1979.

An einem Formel-1-Wochenende zum Großen Preis von Italien machte ich die Bekanntschaft von Gerhard Berger. Als wir Freitagabend zusammensaßen, erzählte mir Gerhard Berger, was er für das Wochenende geplant habe. Er wollte die Seiten zwei und drei des Reisepasses von Ayrton Senna zusammenkleben – also die beiden wichtigsten mit dem Foto des Passinhabers. Das geschah dann auch so. Senna wusste natürlich, aus welcher Ecke das kam, und seine Rache an Gerhard Berger fiel heftig aus. Auf den Fluren im achten Stock des *Donatella*-Hotels in Imola befanden sich dicke Feuerwehrschläuche für den Fall eines Brandes. Mittels eines organisierten Zweitschlüssels überraschte er Berger im Schlaf. Senna schloss Bergers Zimmertür vorsichtig auf und riss den schlafenden Österreicher aus allen Träumen. „Wasser marsch!“ Mit einem starken Wasserstrahl flutete er erst Bergers Bett und anschließend das ganze Zimmer. Das war ein riesiges Halligalli und natürlich ein immenser Wasserschaden, den Senna zahlen musste. In Italien konnte man so etwas machen. Das ganze Zimmer, inklusive Tapeten musste komplett renoviert werden. So verrückte Dinge liefen damals in der Formel 1!

Ähnliches veranstaltete der kleine Bernie Ecclestone, der eines Abends bei einem Bankett seinen Stuhl auf einen Tisch stellte und dann auf den Stuhl stieg. Er reckte seinen Arm nach oben und hielt sein Dupont-Feuerzeug unter die Sprinkleranlage. Dann ließ er es aufflackern. Alle Anwesenden waren ausgelassen und haben sich gefreut wie die Kinder: Der ganze Saal stand schließlich unter Wasser. Es ist immer etwas passiert, und es war damals eine sehr nette Gesellschaft in der Formel 1.

Beim Großen Preis von Deutschland auf dem Hockenheimring wurde in Walldorf immer eine große Party veranstaltet. Einmal gab es dort auch einen Geburtstag zu feiern. In den Saal wurde eine riesige Geburtstagstorte reingeschoben. Darin waren zwei Prostituierte versteckt. Später wurde die Torte samt der Mädchen dem Sportreporter vom Schweizer *Blick*, Roger B., ins Zimmer geschickt. Michael Schumacher, der unweit von mir stand, rief auf seinem Zimmer an und sagte zu ihm, dass alles bezahlt sei und dass sie mit seinem Chef gesprochen hätten. Er müsse morgen früh erst um 9 Uhr mit der Arbeit beginnen – bis dahin könnten sie zusammen die ganze Nacht Spaß haben.

Der Chef vom AvD wollte Bernie Ecclestone zwei Koffer aus unserem Seeger-Sortiment schenken und beauftragte mich, sie zu besorgen. Die Koffer habe ich besorgt und Bernie übergeben.

Im Gegenzug fragte er mich, ob er mir dafür einen Gefallen tun könne – im Rahmen der Formel 1. Daraufhin erhielt ich von ihm – das war in den 1980er-Jahren – den permanenten Pass für die Formel 1. Von diesem Zeitpunkt an waren wir in ständigem Kontakt und sahen uns häufig. Ecclestones Fahrer kam einmal vom Nürburgring zu uns in die Fabrik nach Offenbach, und wir haben ihm das Auto mit allerlei Stücken aus unserem Sortiment vollgeladen. Ecclestone musste nichts dafür zahlen und hatte das Feinste vom Feinen. Das hat zu ihm gepasst! Den permanenten FIA-Pass hatte ich schließlich 20 Jahre lang. Das war fantastisch für mich. Ich war schon in den 1970er-Jahren regelmäßig bei der Formel 1, aber zu dieser Zeit nur als normaler Zuschauer. Mein Traum war es immer, in diese Gesellschaft hineinzukommen, was ich aber nie für möglich gehalten hatte.

Ich wollte unbedingt zum Großen Preis der USA und einmal ein Rennen im „Nudeltopf" von Indianapolis sehen. Die NASCAR-Serie interessierte mich nicht. Aber als die Formel 1 dort fuhr, wollte ich unbedingt dabei sein. Dafür habe ich meine ganzen American-Express-Meilen aufgebraucht und bin mit Delta Airlines über den großen Teich geflogen. Vor Ort habe ich meinen FIA-Pass abgeholt und sogar einen eigenen Fahrer für das Rennwochenende zwischen Hotel und Rennstrecke zur Verfügung gestellt bekommen. Im überfüllten Hotel habe ich mich, um einen Platz beim Essen zu bekommen, als deutscher Botschafter ausgegeben. Ich hatte Visitenkarten mit einem erhabenen Aufdruck, was bei den Amerikanern offenbar Eindruck machte. Das funktionierte, ich konnte es gar nicht glauben! Ich wurde daraufhin persönlich zum Tisch gebracht, und der Küchenchef kam zu mir. Er fragte mich, was ich essen wolle und dass er Frankfurt kenne und es ihm dort immer gut gefallen habe.

Ich hatte meinen Platz in der Kurve bei Start und Ziel. Manchmal bin ich in die Box gelaufen und habe von dort das Rennen auf den Monitoren verfolgt. An Start und Ziel der Rennstrecke haben sie ein Stück Kopfsteinpflaster gelassen. Michael Schumacher stand beim Großen Preis in Indianapolis damals nur auf Rang vier oder fünf in der Startaufstellung. Ich sagte zu Jean Todt, dem damaligen Ferrari-Rennleiter: „Du wirst sehen, wir gewinnen heute – Schumi gewinnt das Rennen", und gab ihm meinen Talisman: ein altes 1-Pfennig-Stück. Das führte ich immer in der linken Hosentasche bei mir mit. Das Rennen lief zunächst schlecht für Schumacher. Mika Häkkinen führte souverän mit einigen Hundert Metern Vorsprung. Kurz vor Ende des Rennens gab es plötzlich einen Schlag, einen Motorplatzer in Häkkinens Mercedes, und Michael Schumacher gewann schließlich das Rennen. Es war verrückt, ja unglaublich, und Jean Todt war anschließend überglücklich.

Es war wunderbar, das alles erlebt zu haben, ich habe mich immer sehr wohlgefühlt und denke noch heute oft an die ganzen schönen Erlebnisse zurück. Meiner Frau bin ich dankbar, dass sie mich immer hat gewähren lassen und mir den Freiraum gegeben hat, das alles erleben zu dürfen.

EPILOG

Die Protagonisten dieses Buches waren allesamt impulsive, bauchgesteuerte, leidenschaftliche Italiener. Persönlichkeiten, die ihre Launen und Leidenschaften unangepasst, in vollen Zügen auslebten, aber auch genauso hartnäckig und unnachgiebig ihre Ziele verfolgten. Sie zeichneten sich durch ihr kantiges Wesen aus. Ihr Handeln war nicht immer logisch nachvollziehbar. Sie taten, was sie für richtig hielten. Der Erfolg gab ihnen schließlich recht. Wie sonst niemand, wussten diese Männer, welcher Zutaten es bedurfte, um Sportwagen zu bauen, die die Leidenschaft von Käufern in aller Welt weckten. Es scheint, dass diese Art von eigenwilligen und charismatischen Unternehmenspatriarchen heute nahezu ausgestorben ist.

Doch nicht nur dieses Kaliber von Entrepreneur, auch dieser Typus von Sportwagen gehört der Vergangenheit an. Die Tage der PS-strotzenden benzinfressenden Supersportwagen mit Verbrennungsmotoren sind gezählt. Der Nervenkitzel ist groß, wenn bei 300 km/h die Fahrbahnoberfläche flimmert, verschwimmt und dazu ein V12 oder ein 16-Zylinder brüllt. Die Zeiten, in denen solche Fahrten möglich sind, neigen sich absehbar dem Ende zu. Der Anteil an Autobahnabschnitten mit Tempolimit steigt von Jahr zu Jahr. Ein allgemeines Tempolimit rückt immer näher. Mit dem absehbaren Aus der Verbrennungsmotoren sind auch die Tage der beschriebenen Sportwagengattung gezählt. Die Vorstellung von einer Welt, in der es nicht mehr möglich sein wird, Verbrennerautos mit bis zum Teil vierstelligen PS-Zahlen legal auf öffentlichen Straßen zu fahren, rückt näher. Elektromonster beschleunigen noch schneller, haben mehr Pferdestärken, nein Kilowatt, werden aber als Klimaretter gehandelt. Ihre größere Nachhaltigkeit am Ende des Produktzyklus „Automobil" gegenüber einem Verbrenner sei einmal dahingestellt.

Der Trend zur E-Mobilität, zu immer umweltschonenderen und sichereren Autos wächst weiter. Nicht zuletzt entfacht die rasante Zunahme der Umweltbewegungen und das verstärkte Umweltbewusstsein bei den Menschen das Bedürfnis, weiter umweltverträglichere Autos zu fördern und zu bauen. Der Hybridantrieb und das Elektroauto sind längst Realität geworden. Ihr Anteil an Neuzulassungen wächst stetig. Die sich weltweit häufenden Natur- und Umweltkatastrophen schärfen zunehmend das Bewusstsein der Bevölkerung, sorgsamer mit der Natur umzugehen. Die Erkenntnis wächst, dass gewisse Ressourcen endlich und nur begrenzt vorhanden sind. Damit wird der Ruf nach umweltfreundlicheren Produkten in allen Lebensbereichen immer lauter.

Die fragilen Blech-Grazien, insbesondere aus den 1960er- und 70er-Jahren, als es noch keine oder nur wenige Reglementierungen hinsichtlich der Sicherheitsvorschriften gab, unterschieden sich im Design noch deutlich voneinander. Jene spritschluckenden Ikonen, die einen Badewanneninhalt an hochoktanigem Benzin in kürzester Zeit verbliesen. Die ihre Eigentümer in puncto Zuverlässigkeit oft auf eine harte Probe stellten und nach einer Fahrt von München nach Hamburg erst einmal in die Notaufnahme der nächsten Werkstatt mussten; sollten sie nicht schon ihren Besitzer am Frankfurter Kreuz im Stich gelassen haben ...

Diese heute per Definition als Oldtimer bezeichneten Sportwagen waren laut, teuer, teils schlecht verarbeitet, unwirtschaftlich – und doch unwiderstehlich. Besitzer dieser Raritäten nehmen heute die Nachteile gerne in Kauf, denn diese Kunstwerke bescheren ihnen durch ihren Anblick, den Klang ihrer Motoren und den puren Fahrspaß unvergessliche Momente des Glücks. Haben diese Autos doch so viel mehr Persönlichkeit und Charakter als jedes andere heutige Auto: Die verpflichten sich in erster Linie, den gültigen Abgasnormen und den höchsten Sicherheitsstandards gerecht zu werden.

Der Drang nach Individualität in unserer Gesellschaft ist weiter ungebrochen. Heutzutage werden bei Autos immer öfter Designelemente kopiert, was es schwer macht, sich von der Masse abzuheben. Doch die Sehnsucht nach Eigenwilligkeit und Charakter, besonders in einer immer egoistischeren Gesellschaft, ist da. Der Käufer sehnt sich nach Einmaligkeit und Einzigartigkeit. Er möchte sich gegenüber anderen abgrenzen, den feinen Unterschied demonstrieren. Diese Individualisierungstendenz in der Gesellschaft ist eine treibende Kraft für die Märkte und ein globaler Megatrend. Und so kauft sich heute, wer das nötige Kleingeld besitzt und etwas Benzin im Blut hat, oft ein exklusives Fahrzeug aus vergangenen Tagen. Somit werden uns die Traumsportwagen von gestern weiterhin erhalten bleiben. Und mit ihnen untrennbar verbunden auch die Namen und die Geschichten ihrer Gründer: italienische Männer und ihre Motoren aus Modena.

VERWENDETE UND WEITERFÜHRENDE LITERATUR

LAMBORGHINI

Bellu, Serge: Lamborghini – Alle Modelle bis heute, Stuttgart: Motorbuch-Verlag 1988.

Braun, Matthias: Lamborghini – 40 Jahre Lamborghini Sportwagen, Königswinter: Heel 2003.

Braun, Matthias: Mythos Lamborghini, Königswinter: Heel 2005.

Harvey, Chris: Die Lamborghinis, Königswinter: Heel 1990.

Harvey, Chris: Lamborghini, Stuttgart: Unipart 1992.

Krumbach, Dieter: Lamborghini, Erlangen: Karl Müller 1991.

Lange, Hans-Karl: Die Autos im Leben des Ferruccio L., in: Motor Klassik 5/1993.

Lange, Hans-Karl: Lamborghini – Alle Sportwagen seit 1963, Rastatt: Pabel-Moewig 1991.

Lewandowski, Jürgen: Lamborghini – Die Prospekte, Bielefeld: Delius Klasing 2004.

Lyons, Pete: Lamborghini – Geschichten, Typen, Technik, Königswinter: Heel 1991 (= Galerie der Klassiker).

Pasini, Stefano: Automobili Lamborghini 1963–1998, Milano: Automobilia 1998.

Pasini, Stefano: Berühmte Automobilfirmen – Lamborghini, Stuttgart: Motorbuch-Verlag 1992.

Pasini, Stefano: Lamborghini Miura, Milano: Automobilia 1988.

Pfannmüller, Matthias: Der beste Job der Welt – Lamborghini-Testfahrer, Erinnerungen von Valentino Balboni, Stuttgart: Motorbuch-Verlag 2014.

Pritchard, Anthony: Lamborghini – die Geschichte der Supersportwagen aus Sant'Agata, Königswinter: Heel 2006.
Rive Box, Robert de la: Lamborghini – Träume auf vier Rädern, 1. Aufl., Pfäffikon: Serag 1986.
Sackey, Joe: Lamborghini Miura – die Geschichte eines Traumsportwagens, Königswinter: Heel 2011.

FERRARI

70 Jahre Ferrari, Edition Auto, Motor und Sport 2017.
Adler, Dennis: Ferrari, Königswinter: Heel 1998.
Bellu, Serge: Die schönsten – die schnellsten von Ferrari, Stuttgart: Motorbuch-Verlag 1991.
Bluemel, Keith: Ferrari V12 – Alle Frontmodelle 1965–1973, Königswinter: Heel 2004.
Bonetto, Robert (Hrsg.): Ferrari Renn- und Sportwagen – Chronologie eines Erfolges, 1. Aufl., Stuttgart: Motorbuch-Verlag 2004.
Cornil, Etienne: Ferrari by Pininfarina, Königswinter: Heel 2002.
Eaton, Godfrey: Ferrari – Die Rennsportwagen und die Straßenfahrzeuge, 3. Aufl., Pfäffikon: Serag 1989.
Eaton, Godfrey: Große Marken – Ferrari, Königswinter: Heel 1991.
Faszination Ferrari (Collection Rolf Heine), München: Heyne 1991.
Ferrari 1947–1997 – Das offizielle Buch, hrsg. v. Ferrari S.p.A., Vimodrone: Giorgio Nada Editore 1997.
Gabriel, Jean-Pierre: Dino – Die anderen Ferrari, 1. Aufl., Stuttgart: Motorbuch-Verlag 1992.
Hicks, Roger: Das Ferrari-Buch, Königswinter: Heel 1994.
Laban, Brian: Ferrari – Die Geschichte einer Legende, Zürich: Stocker-Schmid 1992.
Laban, Brian: Ferrari, Bath: Parragon 2003.
Laban, Brian: Ferrari, Remseck bei Stuttgart: Unipart 1990.
Lyons, Pete: Ferrari – Geschichte, Typen, Technik, Königswinter: Heel 1990 (= Galerie der Klassiker).
Massaro, Sergio: Ferrari – Ein Mythos, Colognola ai Colli: Demetra 2000.
Prunet, Antoine und Peter Vann: Mythos Ferrari, 3. Aufl., Stuttgart: Motorbuch-Verlag 1991.
Prunet, Antoine: Ferrari – Sport- und Rennwagen, Prototypen, 1. Aufl., Stuttgart: Motorbuch-Verlag 1983.
Prunet, Antoine: Ferrari Legende: Traum-Ferrari für Sport und Reise, 5. Aufl., Stuttgart: Motorbuch-Verlag 1990.
Reisser Sylvain und Dominique Fontenat: Ferrari, Königswinter: Heel 2003.
Sabatès, Fabien: Ferrari, Wien – Genf – New York: Lechner 1989.
Schlegelmilch Rainer W. und Hartmut Lehbrink: Ferrari, Köln: Könemann 1995.

Schlegelmilch Rainer W., Hartmut Lehbrink und Jochen von Osterroth: Ferrari, Potsdam: Weltbild und Könemann o. J.
Schruf, Werner: Ferrari 348, Stuttgart: Motorbuch-Verlag o. J.
Schruf, Werner: Ferrari 512 TR, Stuttgart: Motorbuch-Verlag o. J.
Seiff, Ingo: Ferrari, 2. Aufl., Hamburg: Hoffmann und Campe 1998.
Woytal, Bernd: Gelbsucht – Dino 246 GT, in: Motor Klassik 12/1996.
Woytal, Bernd: Redbull – Ferrari 365 GTS/4, in: Motor Klassik 5/1997.
Wright, Nicky: Ferrari – eine Autolegende, Erlangen: Karl Müller 1992.
Yates, Brock: Enzo Ferrari – Leben und Legende. Eine Biographie, München: Heyne 1992.

MASERATI

Crump, Richard und Rob de la Rive Box: Maserati – Sport-, Renn- und Grandturismo-Wagen 1926–1991, Pfäffikon: Serag 1998.
Hörner, Wolfgang: Maserati Retrospektive, Bruckmühl: Wieland 2004.
Lange, Hans-Karl: Maserati – der andere italienische Sportwagen, Wien: Zsolnay 1993.
Lewandowski, Jürgen: Maserati – Geschichte, Technik, Typen, Sport, 2. Aufl. Stuttgart: Motorbuch-Verlag 1988.
Lingner, Heinrich: Die drei Tenöre – Ferrari 365GTB/4, Lamborghini Miura S und Maserati Ghibli SS, in: Motor Klassik 10/2003.
Tabucchi, Maurizio: Maserati – alle Grand Prix-, Sport- und GT-Fahrzeuge von 1926 bis heute, Königswinter: Heel 2004.
Woytal, Bernd: Donnerbolzen – Maserati Ghibli 4,9 SS, in: Motor Klassik 7/1997.

DE TOMASO

Lange, Hans-Karl: Adiós Gaucho – Alejandro de Tomaso, in: Motor Klassik 7/2003.
Woytal, Bernd: Rotwild – De Tomaso Mangusta, in: Motor Klassik 9/1996.
Wyss, Wallace A.: De Tomaso Automobiles, Reprint, Coventry: Osprey 1999.

BUGATTI

Bellu, Serge: Bugatti – Inszenierung einer Legende, Bielefeld: Delius Klasing 2011.
Faszination Supersportwagen, OCTANE Edition #08, September 2021.
Kurz, Joachim: Bugatti – Der Mythos, die Familie, das Unternehmen, Weißkirchen/Traun: Econ 2005.

SONSTIGE

Schrader, Halwart und Georg Amtmann: Italienische Sportwagen, 1. Aufl., Stuttgart: Motorbuch-Verlag 1999.

Sen, Gautam und Michael Robinson: Bertone – italienische Auto-Ikonen, Bielefeld: Delius Klasing 2001.

Wieland, Bernd: Italienische Sportwagen-Klassiker, Stuttgart: Motorbuch Verlag 2021.

Willson, Quentin: Auto Klassik, Stuttgart: Motorbuch Verlag 1996.

INTERNET

www.bugatti.com
www.handelsblatt.com
www.maserati.com
www.mein-italien.info
www.radical-mag.com
www.zwischengas.com

PERSONENREGISTER

DER AUTOR

Frank Kuhlemann wurde 1965 in Frankfurt am Main geboren. Nach einer kaufmännischen Berufsausbildung absolvierte er ein Fachhochschulstudium der Betriebswirtschaftslehre. Anschließend war er zwei Jahre in einem französischen Unternehmen der Automotive-Industrie nahe Paris tätig. Seit seiner Kindheit gehört – nicht zuletzt durch die jährlichen Familienurlaube an der Adriaküste – seine Liebe italienischen Automobilen. Selbst besitzt der Oldtimerliebhaber immer wieder italienische Klassikerfahrzeuge, u. a. einen Fiat 130 Berlina Serie B oder einen Alfa Romeo Spider 2000 Veloce, 2. Serie. Seit vielen Jahren ist er bei einem Unternehmen im internationalen Anlagenbau weltweit tätig. Der Autor lebt mit seiner Frau und den beiden erwachsenen Kindern im Rhein-Main-Gebiet und hat bereits mehrere Bücher veröffentlicht.

Kai Ebel

VON SCHUMACHER BIS SCHUMACHER

Kai Ebel, der Kult Reporter der Formel 1, erzählt in diesem Buch über drei Jahrzehnte im Rennsport. Seine Begegnungen, Erfahrungen und wie sich der Beruf auf sein Privatleben auswirkte. Er berichtet über seine Anfänge bei der Formel1 in Barcelona 1992, nahezu zeitgleich mit Michael Schuhmacher. Blickt auf die Jahre mit ihm zurück und wie Mike Schumacher seinen Weg in die Formel 1 machte. Ebel analysiert wie sich die Rennserie von einem Selbstmordkommando zu einem sicheren Wettbewerb entwickelte, und ordnet den Rückzug Bernie Ecclestone in einen sporthistorischen Kontext ein.

Kai Ebel gewährt auch Einblicke in sein Privatleben, wie es ist viel auf Reisen zu sein und wie bedeutend der Rückhalt der Familie ist. Er erzählt warum es für ihn (nicht) wichtig ist, weiter in der F1 zu verbleiben und sinniert über die Bedeutung des „im Kreis fahren" und wie sich die Zukunft der Formel 1 darstellen könnte.

Kai Ebel
VON SCHUMACHER BIS SCHUMACHER

Hardcover, 14 x 21 cm
ca. 256 Seiten, bebildert

ISBN: 978-3-903376-00-7
Preis: 24,90 €

Bernd Schmelzer

JA, WAS MACHT ER DENN DA?

Ein Sportreporter mit mehr als 125.000 Followern bei Twitter? Ja, den gibt es. Bernd Schmelzer, der Kult-Kommentator im Ersten und der (!) Experte für alpinen Skisport im deutschen Fernsehen. Schmelzer, der seit 30 Jahren Sportevents für die ARD live begleitet, ist bekannt für seine leidenschaftlichen Reportagen voller Witz und Wortspiele – und seinen Ausruf „Ja, was macht er denn da?".

2010 wurde Bernd Schmelzer von Fernsehzuschauern zum beliebtesten TV-Reporter der Olympischen Winterspiele in Vancouver gewählt. Schmelzers Popularität nahm jüngst noch zu, seit Felix Neureuther, Weltmeister und elffacher Slalom-Weltcup-Sieger, als Co-Kommentator an seiner Seite live von den Pisten berichtet. Die Beiden sind ein Herz und eine Seele, die viel Spaß bei der Arbeit haben.

Bernd Schmelzer
JA, WAS MACHT ER DENN DA?

14 x 21 cm, ca. 250 Seiten, reich bebildert, Hardcover
ISBN: 978-3-903376-27-4
EUR 24,90

E-Book: 978-3-903376-28-1
EUR 23,99

BARBARA SCHETT
ICH BIN WAS ICH BIN

Im Laufe ihrer Karriere hat sie gegen Steffi Graf, Monica Seles und Martina Hingis ebenso gespielt wie gegen Venus und Serena Williams oder Marija Scharapowa. Barbara Schett ist mit Talent und Fleiß, Aufopferungsfähigkeit und Hingabe dort hingekommen, wo die wenigsten Einzug halten: unter die Top Ten in der Weltsportart Tennis. Ihre beste Platzierung war Rang sieben, dies wurde bis dato weder zuvor noch danach von einer anderen österreichischen Spielerin je erreicht oder übertroffen.

Ist ihre Karriere auf dem Platz beeindruckend, so ist es jene am Court nicht minder. Schett wechselte nach ihrem Karriereende die Seite, verblieb aber in der Szene und ist heute eine der gefragtesten Presenter und Moderatorinnen der Tennis-Welt. Sie arbeitet für BBC oder Servus TV, ein Star ist sie bei Eurosport, wo sie zusammen mit dem siebenfachen Grand Slam-Sieger Mats Wilander eine eigene Show moderiert, mit dem Titel „Game, Schett, Mats"!

Egon Theiner:
BARBARA SCHETT
Ich bin was ich bin
14 x 21 cm, ca. 256 Seiten,
reich bebildert, Hardcover
ISBN: 978-3-903376-02-1 EUR 24,90
E-Book: 978-3-903376-03-8 EUR 23,99